최고의 리더는 어떻게 사람을 움직이는가

『读史有智慧(世界卷)』
作者：李学诚

Chinese Edition Copyright © 2013 People's Oriental Publishing&Media Co., Ltd.
All Rights Reserved.
Korean Translation Copyright © 2014 by EyeofRa Publishing Co., Ltd.
Korean edition is published by arrangement with People's Oriental Publishing&Media Co., Ltd.
Though EntersKorea Co., Ltd. Seoul.

이 책은 한국어판 저작권은 ㈜엔터스코리아를 통한
중국의 People's Oriental Publishing&Media Co., Ltd. 라의눈이 소유합니다.
신저작권법에 의하여 한국내에서 보호를 받는 저작물이므로 무단전재와 무단복제를 금합니다.

TOP

최고의 리더는
어떻게 사람을 움직이는가

리슈에청 지음 | 정세경 옮김

LEADER

라의눈

리더십이란 인간의 시야를 넓히고 높은 업적을 달성케 하고
보통 수준을 초월하여 높은 수준의 인격에 달하게 하는 것이다.

― 피터 드러커 *Peter Ferdinand Drucker* ―

• 머리말 •

지속가능한 리더십이란 무엇인가?
마음을 움직인 리더가 세상을 움직였다!

　리더십은 본질적인 아이러니를 갖고 있다.
　리더십 자체가 사회나 집단의 구성원들에게서 나온다는 것이다. 진정한 리더의 권능은 총과 칼, 무력에 의해서 만들어지지 않는다. 진시황이나 히틀러, 스탈린의 리더십이 무력에 의한 것이라 할 수 있지만, 그 배후를 살펴보면 당시의 시대상황과 국민들의 마음을 사로잡는 절묘한 전략과 전술이 숨어있음을 알 수 있다. 물론 그런 강압적이고 조작된 리더십은 일시적으로는 힘을 발할지 모르지만 절대 오래가지는 않는다. 즉 지속가능하지 않다.
　이 책이 주장하는 것이 바로 지속가능한 리더십이다.
　이를 위해서는 구성원들의 마음이 하나로 통합되고, 조직의 네트워크가 활짝 열려 물이 흐르듯 자유롭게 소통되어야 한다. 이런 조직은 양적으로나 질적으로 발전을 거듭하게 되고 어지간한 갈등과 불협화음 정도는 조직의 자정작용에 의해 상쇄될 뿐 아니라 오히려 긍정적 효과를 발휘한다.

그것이 정말 가능할지 의문을 제기하는 독자들도 있을 수 있다. 하지만 책 속에서 소개되는 다양한 분야의 사례들을 접하게 되면 확신을 가지게 될 것이다.

역사적 현장 속에서 우리가 이름만 들으면 알만한 리더들이 어떻게 결단했고, 사람들과 어떻게 소통했는지를 일화 중심으로 읽는 재미 또한 만만찮다. 수신제가치국평천하(修身齊家治國平天下)란 고리타분하고 재미없는 가치일지 모르겠으나, 링컨과 조지 워싱턴의 일화 속에서 받아들이는 느낌은 자못 신선하다. 리더십의 성공요인과 실패요인에 대한 이야기는 다 안다고 생각할 수 있지만 나폴레옹 리더십의 성공요인과 실패요인을 역사 속에서 관찰하는 것은 색다른 재미와 생생한 현장감을 부여한다.

다른 리더십 책들과는 달리 이 책은 리더의 미덕을 인문학 키워드로 정리했다. 총 10개의 키워드로 나눠져 있어 자신이 관심 있는 부분이나 자신의 조직에 문제가 있는 부분을 선택해서 읽을 수도 있다. 각 장마다 흥미롭고 벤치마킹할 수 있는 일화들이 대여섯 개씩 수록되어 정치인, 경영자, 사회활동가, 지식인 누구든 자신의 자리에서 응용할 수 있다.

이 책을 읽는 모든 독자들이 훌륭한 인문학적 소양을 쌓아 최고의 리더로 거듭나기를 소망한다.

차 례

머리말 • 6

1
겸손
마음이 넓으면 가는 길도 넓다

작은 것을 보면 전부를 안다 • 15   신용보다 좋은 친구는 없다 • 19
겸손이 선물하는 매력 • 24   사람을 깊어지게 하는 반성 • 29
자신을 손금 보듯이 들여다보라 • 34   재상의 뱃속에서는 노도 저을 수 있다 • 40

2
결단
뜨겁게 고뇌하고 차갑게 결단하라

먼저 귀를 열고, 다음엔 마음을 열어라 • 47   정답은 바깥에 있을 수도 있다 • 52
완벽한 결단을 도와주는 영감과 직관 • 56   바다는 모든 강물을 받아들인다 • 60
결단은 타이밍의 예술이다 • 65   실수는 규칙적으로 반복된다 • 69

3

조정

때로는 갈등도 에너지가 된다

조정을 잘 해야 조직이 잘 된다 • 75   독점의 시대는 갔다 • 79
갈등의 긍정적 효과 • 83   갈등이 발생하는 규칙 • 87
공통점은 크게, 차이점은 작게 • 91

4

인재 활용

존중하고 믿어주고 칭찬하라

상사도 관리하라 • 99   시한폭탄이 될 수 있는 동료관계 • 104
성공한 리더들의 비밀 • 108   인재가 춤출 무대를 만들어라 • 113
칭찬의 믿기 어려운 효과 • 117

5

향상
좋은 것도 더 좋아질 수 있다

위기감이 위기를 막는다 • 125   두 가지 무기, 용기와 아이디어 • 130
행동해야 할 때를 놓치지 마라 • 135   기적을 일으키는 쉼 없는 노력 • 138
사소한 것부터 고쳐 나가라 • 141

6

처세
욕심을 비우면 그것이 행복이다

멈출 줄 아는 것도 용기다 • 147   공(功)은 남에게, 과(過)는 자신에게 • 151
함부로 남을 미워하지 마라 • 155   권력을 제대로 사용하는 방법 • 160
행복한 사람이 성공한 사람 • 164   비판하고 싶을 땐 입을 다물어라 • 169

7
관리
혼자서 모든 일을 할 수는 없다

위로 올라갈수록 몸을 낮춰야 한다 • 175   적재적소의 노하우 • 180
당근과 채찍이 모두 필요하다 • 183   격려하는 방법은 무궁무진하다 • 187
협력과 조율의 시너지효과 • 191   스스로 성장하도록 기다려주어라 • 194

8
관계
인맥은 금맥보다 소중하다

솔직함보다 좋은 전략은 없다 • 199   크면 클수록 좋은 공감대 • 203
친구에겐 너그럽게, 자신에겐 엄격하게 • 207   덫에 걸리지 않는 지혜 • 212
존중은 모든 관계의 출발점 • 216   원만한 상하관계의 원칙 • 220

9

소통
소통은 물처럼 흐르는 것이다

사람의 감정에 호소하라 • 227   유머는 사람 사이를 좁혀준다 • 232
자신만의 대화기술이 필요하다 • 236   분명한 논리로 설득하라 • 241
핵심을 놓치지 마라 • 244   절묘한 거절의 기술 • 247

10

역경
한결같이 순탄한 인생은 없다

포기할 때까지는 실패가 아니다 • 255   고통을 기꺼이 받아들여라 • 259
전진을 위해 후퇴도 필요하다 • 263   새로운 길을 두려워 마라 • 267
적당한 때를 기다려라 • 271   팀워크가 반전의 열쇠다 • 276

— TOP LEADER —

1

겸손
마음이 넓으면 가는 길도 넓다

작은 것을 보면 전부를 안다

"리더를 만드는 것은 남들보다 뛰어난 통찰력이 아니라 그의 인격이다."
볼테르Voltaire

대학을 갓 졸업한 젊은이가 한 자동차 회사에 면접을 보러 갔다. 함께 면접을 볼 서너 명의 지원자를 보니 그보다 학력이 우수한 인재들이었다. 하지만 이왕 온 면접인데 그대로 물러날 수는 없는 노릇 아닌가. 그는 면접이 시작되자 문을 두드리고 사장실로 들어갔다. 그런데 방에 들어서자마자 바닥에 떨어진 종이 한 장이 눈에 띄었다. 그는 자기도 모르게 허리를 숙여 지저분한 종이를 주운 뒤 쓰레기통에 넣었다. 그런 다음 사장의 책상 앞에 다가가 말했다.

"안녕하십니까? 저는 면접을 보러 온 포드라고 합니다." 그러자 사장이 만족스럽게 말했다. "잘했네, 잘했어. 미스터 포드, 자네는 이미 합격했네." 영문을 알 수 없었던 포드가 물었다. "먼저 면접을 본 사람들이 저보다 훨씬 나은 것 같은데 어째서 저를 채용하십니까?" 그 말에 사장이 대답했다. "자네 말 대로 그들은 자네보다 학벌도 좋고 인상도 좋았네. 하지만 큰일만 볼 줄 알고 작은 일은 볼 줄 모르더군. 자네는 작은 일을 볼 줄 아는 사람이니 앞으로 분명 큰일도 볼 수 있을 걸세. 큰일만 보는 사람은 사소한 일들을 놓쳐 성공할 수 없지. 그래서 자네를 채용한 걸세."

그렇게 입사에 성공한 포드는 회사를 세계적인 기업으로 탈바꿈시켰을 뿐만 아니라 얼마 지나지 않아 회사 이름을 '포드(Ford) 자동차'로 바꾸었다. 포드 자동차는 미국 국민들의 경제사정을 바꿔놓았으며 미국을 세계 최고의 자동차 대국으로 만들었다. 대체 포드는 어떻게 성공할 수 있었던 것일까? 이는 작은 일을 보는 사람은 반드시 큰일을 볼 수 있기 때문이다. 반면 큰일만 보는 사람은 작은 일을 놓치기 십상이다. 바로 이것이 이 이야기가 전하는 교훈이다.

1809년 2월 12일, 에이브러햄 링컨(Abraham Lincoln)은 가난한 농민 가정에서 태어났다. 가정형편 탓에 학교도 제대로 다니지 못한 그는 어린 시절 아버지를 도와 서부 황야를 개척하는 데 힘썼다. 실제로 그는 "내가 학교에 다닌 기간을 모두 합쳐도 일 년이 안 될 겁니다."라고 말한 적도 있다. 그러나 매사에 성실했던 링컨은 틈만 나면 다른 사람들에게 가르침을 청했다. 소를 몰고, 장작을 패며, 땅을 팔 때에도 가슴에 책을 품고 있다 쉬는 시간이면 딱딱하게 식어버린 빵을 먹으며 재미있게 책을 읽었다. 또한 밤이면 작은 램프 불 아래서 늦은 시간까지 공부했다.

성인이 된 뒤 링컨은 고향을 떠나 여러 가지 직업을 전전했다. 자신이 할 수 있는 일이면 무엇이든 했다. 일용직, 선원, 점원, 시골의 집배원, 토지측량사 심지어 벌목, 장작 패기처럼 힘든 육체노동도 마다하지 않았다.

그는 무슨 일을 하든 성실했으며 신용을 지켰다. 어느 시골 잡화점에서 일하던 십 대 시절에는 손님이 덜 받아간 잔돈을 돌려주려고 몇 킬로미터를 뛰어간 적도 있다. 그뿐만 아니라 손님에게 차(茶)를 조금 덜 준 것을 알고 한참을 걸어가 나머지 차를 전해주고 오기도 했다. 그는 이처럼 정직하고 부지런하며 겸손해 주위 사람들의 사랑을 받았다.

1834년, 링컨은 스물다섯 살이 되던 해에 일리노이주(州) 주 의원에 당선되며 정치인의 길을 걷게 됐다. 1836년에는 법률시험에 통과해 변호사가 됐다. 법률에 정통하고 언변이 뛰어났던 그는 지역에서 큰 명성을 얻었다. 덕분에 그에게 소송을 맡기러 오는 사람도 한둘이 아니었다.

그런데 그가 소송인을 변호하는 데에는 한 가지 조건이 있었다. 바로 소송 당사자가 반드시 정의의 편이어야 한다는 것이었다. 변호사 비용조차 낼 수 없는 가난한 사람들이 "나는 정의의 편이오. 제발 나를 도와 정의를 세워주시오."라고 부탁하면 링컨은 두말하지 않고 무료로 변론을 해줬다.

그러던 어느 날, 어떤 부자가 링컨을 찾아와 변론을 맡아달라고 했다. 그러나 그의 이야기를 가만히 들어보니 그는 좋은 사람들을 곤경에 빠뜨리는 나쁜 사람이었다. 링컨은 그에게 딱 잘라 말했다. "죄송하지만 저는 변론을 해 드릴 수 없습니다. 당신이 정의롭지 못하기 때문입니다." 그러자 부자가 말했다. "링컨 씨, 지금 나는 바로 그 정의롭지 못한 소송을 도와달라고 하는 겁니다. 승소한다면 돈은 얼마든지 드리겠소." 링컨은 부자를 지그시 바라보며 말했다. "약간의 변론 기술만 활용한다면 선생의 소송 사건은 얼마든지 승소할 수 있습니다. 그러나 이 사건은 본래 불공평한 일입니다. 만약 제가 이 일을 맡는다면 법관 앞에서 변호를 하면서도 스스

: 마음이 넓으면 가는 길도 넓다

로 '링컨, 넌 지금 거짓말을 하고 있어.'라고 생각하게 될 겁니다. 거짓말은 양심을 저버리는 일이지요. 저는 양심을 저버릴 수도 거짓말을 할 수도 없습니다. 그러니 다른 변호사를 찾아보십시오. 저는 선생의 변호를 맡을 수 없습니다." 그의 말에 부자는 한마디 변명도 하지 못하고 링컨의 사무실을 떠났다.

예나 지금이나 사회적으로 성공하고 존경받는 인물들은 남들보다 많은 '덕'을 쌓았다. 도덕은 시대와 나라를 막론하고 사람이 지켜야 할 가장 중요한 가치다. 바른 사람이 되려면 덕을 쌓아야 하며 도덕은 인생을 성취하기 위한 첫 걸음이다. 다시 말해 덕이 없는 사람은 자신도 완성시킬 수 없다.

덕을 행하는 사람이 되려면 항상 선한 일에 앞장서야 한다. 남에게 도움이 될 수 있는 일이라면 무엇이든 선한 일이라 할 수 있다. 따라서 작은 일이든 큰일이든 남을 도울 수만 있다면 해야 하는 것이다. 세상에 작다고 할 필요가 없는 일은 없다. 아무리 일상의 사소한 일이라 해도 선한 일이라면 반드시 해야 한다. 그 일이 당신에게는 별것 아닐지 몰라도 누군가에게는 큰 도움이 될 수 있기 때문이다. 포드와 링컨이 성공할 수 있었던 것도 그들의 위대한 성품 덕분이었다.

바른 사람이 되려면 덕을 쌓아야 하듯 리더가 되고 싶다면 그 또한 덕을 쌓아야 할 것이다. 철학자 볼테르(Voltaire)는 "리더를 만드는 것은 남들보다 뛰어난 통찰력이 아니라 그의 인격이다."라고 말했다. 오늘날 지도자를 평가하는 기준은 개인적 품성, 직업적 도덕의식, 가정의 미덕, 사회적 태도 등이다. 어떤 사람을 평가하는 데는 대단한 기준이 필요한 것이 아니다. 작은 것만 봐도 그 사람의 모든 것을 알 수 있기 때문이다.

신용보다 좋은 친구는 없다

사업에 신용이 없으면 번창할 수 없고, 가정에 신용이 없으면 화목할 수 없고, 사람에게 신용이 없으면 반듯이 설 수 없다.

―

1835년 조셉 모건은 애트나 화재보험회사의 주주가 되었다. 그런데 얼마 지나지 않아 보험회사의 한 고객이 큰 화재를 당했다. 규정에 따르면 고객에게 보험금을 전액 지급해야 했지만, 보험회사는 규모가 작아서 보험금을 모두 지급할 경우 파산할 수밖에 없었다. 이런 경험이 거의 없었던 대부분의 투자자들은 자신들의 주식을 포기하고 싶어 했다. 그들은 앞다퉈 주식을 빼달라고 회사에 요구했다.

이 문제를 두고 한동안 고심한 조셉 모건은 자신의 명예가 돈보다 훨씬 중요하다는 결론을 내렸다. 그래서 그는 돈을 빌리기 위해 사방으로 뛰어다녔고 자신의 집도 팔아버렸다. 그는 그렇게 마련한 돈으로 화재를 당한 고객에게 보상금을 지급했다. 이 일로 애트나 화재보험회사는 큰 명성을 얻게 됐다.

그 무렵 조셉 모건은 얼마 남지 않은 재산을 털어 주주들의 주식을 헐값에 사들였지만, 보험회사는 이미 파산 직전이었다. 모건은 궁여지책으로 애트나 화재보험회사에 가입하는 고객에게 보험금을 두 배로 지급하겠다는 광고를 냈다. 그러자 얼마 지나지 않아 보험에 가입하려는 고객들이 벌 떼 같이 몰려들었다. 덕분에 애트나 화재보험회사는 다시 일어섰고, 조셉 모건은 회사를 소유하고 많은 이윤을 얻게 됐을 뿐만 아니라 신용이란 자산을 갖게 됐다. 신용자산은 자신만 누릴 수 있는 것이 아니라 후대의 자손들에게도 상속할 수 있다.

수년 뒤, J.P.모건은 미국 월가에 금융제국을 건설했다. 그의 할아버지가 바로 미국의 부호 모건 가문의 창시자였던 조셉 모건이었다. 뉴욕 대화재에서 비롯된 신용은 훗날 모건 가문의 후손들에게 이어져 J.P.모건에게까지 이르렀다. 신용은 그의 경영철학이자 인생철학이며 그의 금융제국 또한 이를 통해 세운 것이다. 이처럼 모건 가문이 성공할 수 있었던 것은 돈보다 가치 있는 신용 덕분이었다. J.P.모건의 큰 사위는 생전에 미국 의회 산하 은행화폐위원회에서 활동했는데, 자신의 일기에 '신용'이라는 단 두 글자를 남겼다고 한다. 이를 통해 알 수 있듯 신용은 모건가의 다음 세대로 이어졌다. 모건 제국이 계속되는 한 신용은 대를 이어 계승될 것이다. 만약 신용을 잃는다면 이 제국의 높다란 빌딩도 언제 무너질지 알 수 없다.

사업에 신용이 없으면 번창할 수 없고, 가정에 신용이 없으면 화목할 수 없고, 사람에게 신용이 없으면 반듯이 설 수 없고, 세상에 신용이 없으면 평안할 수 없으며, 나라에 신용이 없으면 안정될 수 없다. 역사나 현실을 돌아봤을 때 정권이든 조직이든 그 앞날과 운명은 결국 인심의 향배에 따라 결정되었다. 지도자는 무엇보다 따르는 사람들에게 믿음을 줘야 한다. 이렇게 힘을 하나로 모을 때 응집력과 전투력을 갖추게 되는 것이다. 만약 한 조직과 집단의 생존과 발전을 위한 도덕적 한계선인 신용이 무너진다면 그 결과는 참혹한 재난일 수밖에 없다.

1937년 5월, 네빌 체임벌린은 영국의 수상이 됐다. 당시에는 '베를린-로마-도쿄'를 중심으로 한 3개국의 파시즘 침략동맹이 형성되어 제2차 세계대전을 눈앞에 두고 있었다. 그런데 영국의 정치인들 사이에서는 독일의 전쟁 위협에 어떻게 대처할 것인가를 두고 두 가지 의견이 팽팽히 맞서고 있었다. 하나는 처칠을 중심으로 하는 강경파로 전쟁 준비를 강화해 프랑스, 미국, 다른 중소국가들과 연합해 함께 파시즘의 침략 확산에 맞서자는 의견이었다. 다른 하나는 체임벌린을 중심으로 하는 온건파로 독일에 대해 타협과 양보, 관용을 베푸는 정책을 펼치자는 의견이었다. 그때까지만 해도 네빌 체임벌린의 주장이 우위를 차지하고 있었다.

체임벌린은 "나는 유럽뿐만 아니라 세계의 모든 정세까지 꿰뚫고 있다."라고 떠벌렸다. 또한 그는 자신의 정책이야말로 영국인들이 전쟁의 고통에 빠지는 것을 막을 방법이라고 자신만만해 했다. 1938년 7월, 체임벌린은 런시먼 자작(子爵)이 이끄는 대표단을 체코로 보내 수데텐란트 병합 문제를 해결했다. 회담 중에 히틀러는 체코의 독일인 거주지역인 수데텐란트를 독일에 달라고 요구했다. 체임벌린은 이 요구에 개인적으로 동의했지만, 정부에 보고하고 비준을 받는 절차가 필요했다. 그리하여 9월 17일,

체임벌린은 내각회의를 소집해 체코에 영국과 프랑스 양국의 건의를 받아들이라고 재촉했다.

독일의 파시즘은 점차 정체를 드러내고 있었지만 순진한 체임벌린은 여전히 히틀러에 대한 미련을 버리지 못했다. 그는 심지어 하원에서 다음과 같이 연설했다. "저는 하원의원 여러분이 히틀러가 고의로 저를 속이고 있다고 생각하지 않길 바랍니다. 여러분이 우려하는 일은 절대로 일어나지 않을 것입니다."

그러나 역사를 보면 네빌 체임벌린의 모든 노력에도 불구하고, 결국 영국은 전쟁의 소용돌이에 휩싸이고 말았다. 독일과 '뮌헨 조약'을 체결했지만, 영국에는 아무런 이득이 되지 않았으며 파시즘의 침략을 조장했을 뿐이었다. 독일의 군대는 무서운 기세로 쳐들어왔다. 침략에 대한 독일의 야심은 평화에 대한 체임벌린의 바람을 산산이 박살내버렸.

네빌 체임벌린의 온건정책이 부른 결과는 참혹했다. 여당과 야당은 한 목소리로 그를 비판했다. 국회에서 의원들은 체임벌린을 향해 소리쳤다. "하느님 얼굴이나 보러 가시는 게 낫겠소이다!" 지지 기반이 무너진 데다 평판이 나빠진 체임벌린은 결국 스스로 수상 자리에서 물러날 수밖에 없었다. 신용을 잃어버린 체임벌린이 백기를 들고 사퇴한 것은 어찌 보면 당연한 결과다.

신용은 자신의 품성을 훌륭하게 하는 기본 자질이면서, 출세하거나 큰 돈을 벌게 해주는 방법이기도 하다. 미국은 개인에 대한 신용평가시스템을 완벽히 갖추고 있다. 고등학교만 졸업하면, 전국에 깔린 은행의 정보통신망에 기록되어 개인의 소재와 수입이 파악되고, 국가는 이를 근거로 효과적으로 경제적 위험을 통제한다.

미국뿐만이 아니다. 개인의 신용자료가 잘 관리되고 있는 많은 나라에서는 은행이나 증권사, 카드사의 데이터를 통해 그 사람의 학력과 직업, 신용기록 등 다양한 정보를 추적할 수 있다. 만약 기관과 개인 사이에 문제가 발생한다면, 개인의 신용에 대한 조사를 진행할 수 있다. 또한 불량한 신용기록이 있을 경우, 단순히 금융기관으로의 불이익뿐만 아니라 생활과 관련된 전반에서 불편을 당하게 된다. 다시 말해 신용을 잃으면 앞으로 한 걸음도 내딛기 어렵다. 신용을 지키지 않는 사람은 집이나 지킬 수밖에 없게 되니, 부디 신용을 친구로 삼길 바란다.

겸손이 선물하는 매력

"난 그저 바닷가에서 노는 아이에 불과합니다. 가끔 반짝이는 조개 몇 개를 줍기도 했지요. 하지만 진리라는 넓은 바다에는 아직 발견되지 않은 것들이 많아요. 무엇이 더 있을지 모르죠."

아이작 뉴턴 Sir Issac Newton

뉴턴은 과학사에 큰 족적을 남긴 거인이다. 그는 만유인력을 발견했으며, 고전역학의 기초가 되는 뉴턴의 운동법칙을 세웠고, 빛의 분해를 실험해 광학 연구에 큰 영향을 끼쳤다. 또한 열역학 분야에서는 냉각법칙을 확립했고, 천문학 분야에서는 반사망원경을 고안해냈으며, 행성의 운동법칙을 고찰했다. 과학적으로 조석현상을 설명했으며, 지구가 완전한 구체(球體)가 아니란 사실을 예언했다. 그뿐만 아니라 뉴턴은 수학 분야에서 미적분학을 창시하기도 했다.

독일의 철학자 프리드리히 엥겔스는 자신의 《영국 노동자계급의 상태》라는 책에서 뉴턴이 이룬 위대한 성취에 대해 감탄하기도 했다. 그러나 뉴턴 본인은 매우 겸손했다. 죽음이 가까이 왔을 때 가족과 친구들은 병상에 누운 그를 보며 말했다. "자네는 우리 시대의 위대한 인물일세." 하지만 그 말을 들은 뉴턴은 고개를 저으며 말했다. "그렇지 않아요. 세상 사람들이 날 어떻게 보는지 모르겠지만 난 그저 바닷가에서 노는 아이에 불과합니다. 가끔 반짝이는 조개 몇 개를 줍기도 했지요. 하지만 진리라는 넓은 바다에는 아직 발견되지 않은 것들이 많아요. 무엇이 더 있을지 모르죠." 그는 잠시 말을 멈췄다가 다시 입을 뗐다. "내가 만약 다른 사람들보다 더 멀리 볼 수 있다면 그건 내가 거인들의 어깨에 올라타 있기 때문일 거예요." 이 말을 마친 뉴턴은 편안하게 눈을 감았다.

겸손한 태도로 남들의 장점을 배우고 더 많은 경험을 쌓는 사람은 이를 통해 자신의 재능을 발전시키고 더 높은 권위를 얻을 수 있다. 뉴턴이 바로 그런 인물이었다. 반면 자신이 대단하다고 착각해서 으스대고 남들을 무시하는 사람은 스스로 발전하지 못해 결국 아무것도 이룰 수 없다.

알버트 아인슈타인은 살아생전에 세계적 명성과 존경을 얻은 물리학자다. 1930년대 미국 뉴욕의 리버사이드 교회에는 위대한 학자들 십여 명이 조각되어 있었는데 아인슈타인은 유일하게 살아 있는 인물이었으나 이런 일로 우쭐하지 않았으며 항상 겸손하게 살았다. 그는 자신이 누군가에게 우상이라는 사실을 도무지 이해하지 못했고 신문에서 그를 칭찬하고 떠받드는 것도 매우 부담스러워했다. 특히 기자나 화가, 조각가들이 찾아와 사진이나 그림, 조각상을 만들겠다고 하는 것에 질색을 했다고 한다.

아인슈타인은 한 번도 자신이 대단한 사람이라고 생각해본 적이 없다. 그는 자신이 가는 길이 앞선 사람들이 가던 길의 연장이며 과학의 새로운 시대 역시 앞선 사람들의 기초 위에 일궈진 것이라 생각했다. 그래서 그는 항상 앞선 학자들의 공헌에 감사하고 감탄하는 마음을 가졌다. 또한 그는 과학의 길이 수많은 사람이 함께 만들어온 것이며 저마다 연구와 공헌을 했다는 사실을 알고 있었다. 그 때문에 아인슈타인은 같은 일을 하는 사람들을 존중해서 자신의 일을 돕는 조수나 학생 누구에게도 교만한 태도를 보이지 않았다. 오히려 만나는 사람 모두를 친근하고 평등하게 대해 사람들을 감동시켰다. 그뿐만 아니라 아인슈타인은 다음과 같은 성공의 공식을 만들기도 했다. $a=x+y+z$, 여기에서 a는 성공을 가리키며, x는 힘든 노동을, y는 정확한 방법을, z는 빈말을 적게 하는 것을 가리킨다. 그는 자신이 천재가 아니라 충실하고 부지런히 진리를 쫓는 탐구자에 불과하다고 생각했다.

마찬가지로 19세기 말 스웨덴의 뛰어난 화학자 노벨은 세계를 위해 큰 공헌을 남겼지만, 누구보다 겸손했다. 한번은 스웨덴의 한 출판사가 유명 인사들의 인명록을 내기 위해 노벨을 찾아왔다. 그러나 노벨은 책에 이름을 올리는 것을 정중히 거절했다. "저도 이 책을 예약해서 읽을 정도로 좋아합니다. 하지만 제 이름은 수록하지 말아 주십시오. 제가 그런 명망을 얻어도 될지 잘 모르겠습니다. 어쨌든 전 지나친 수식을 좋아하지 않는답니다." 언젠가 노벨의 형이 가족사를 정리하기 위해 노벨에게 자서전을 써 보내달라고 부탁했다. 그러자 노벨은 이런 글을 보냈다.

'알프레드 노벨, 불쌍한 생명은 태어나자마자 자칫했으면 인자한 의사 선생님의 손으로 버려질 뻔했음. 장점 : 손톱이 깨끗하며 남에게 폐를 끼치지 않는다. 단점 : 평생 독신이었으며 성격이 괴팍하고 소화력이 나쁨. 한 가지 바람 : 생매장 당하고 싶지 않음. 가장 큰 죄 : 재물의 신을 숭배하지 않음. 살면서 중요한 일 : 없음.'

이 글을 본 노벨의 형은 다시 정리해보라고 권했지만, 노벨은 그럴 수 없다고 고집했다. "시간도 없고 자서전 같은 거 쓰고 싶지도 않아요. 우주의 소용돌이 속에 있는 수많은 별에 비하면 아무것도 아닌 인간이 자서전을 써서 뭐 하나요?" 노벨은 평생 자신을 내세우지 않았다. 그가 이룬 놀랄 만한 업적은 그의 이런 남다른 겸손함 덕분이었다.

살다 보면 자기 마음대로 되지 않는 일이 한두 가지가 아니기에 리더라면 반드시 겸손할 줄 알아야 한다. 자신보다 높은 사람에 대한 겸손은 일종의 본분이며, 동료에 대한 겸손은 온화함이고, 아랫사람에 대한 겸손은 모범이며, 모든 사람에 대한 겸손은 일종의 경지다. 리더는 높은 자리에 오를수록 정신을 바짝 차려야 하며 겸손의 미덕을 잃지 않아야 한다.

오직 겸손한 인품과 정신을 지닌 리더만이 사람들을 한 데 모으고 감동시킬 수 있으며 그들에게 존경받을 수 있다. 항상 겸손하려면 자신을 더 수양할 줄 알아야 한다. 그리고 제대로 된 수양을 하려면 지식과 경험, 소양이 무르익어야 한다. 이를 갖추면 자신을 떠벌리는 말이나 행동을 하지 않게 되고 마음 깊은 곳에 생기와 활력을 쌓아둘 수 있다. 그 결과, 힘든 일을 만나도 물러서지 않게 되며 칭송을 받아도 자만하지 않고 뛰어난 성과를 거둬도 자랑하지 않게 된다.

이익을 보든 손해를 보든 크게 연연하지 마라. 이는 정원에 꽃이 끊임없이 피고 지는 것처럼 평범한 일이다. 어떤 자리에 오를 수 있든 없든 크게 신경 쓰지 마라. 이는 하늘에 떠다니는 구름이 이리저리 모양을 바꾸는 것만큼 바뀔 수 있는 일이다. 언제나 착실하고 평범하며 자연스러운 생활 태도와 품위를 유지하라. 성숙하고 이성적이며 너그럽고 신중하며 슬기롭게 처세하라. 무엇보다 겸손하려면 늘 아랫사람들의 말에 귀를 기울여야 한다.

성숙한 리더는 모든 일에 능통한 사람이 아니라 주변을 두루 살피며 사람들의 말에 귀를 기울이는 사람이다. 이러한 사람이 되려면 귀에 거슬리는 말들도 잘 받아들여야 한다. 또한 겸손하려면 넓은 가슴을 지녀야 한다. 중국의 지도자 덩샤오핑도 이런 말을 했다. "지도자는 멀리 내다보고 넓은 가슴을 가져야 한다. 어떤 상황에서든 개인의 명예나 진퇴, 영욕에 대해 연연하지 않고 초탈할 수 있어야 한다."

예나 지금이나 겸손은 사람의 됨됨이를 평가하는 미덕의 한 종류다. 중국에는 '겸손하면 복을 받고 교만하면 화를 부른다.', '겉으로는 아둔해 보여도 실제로는 총명하며, 겉으로는 말을 잘해도 속으로는 더듬고, 겉으로는 용감해도 속으로는 겁내며, 겉으로는 지혜로워도 실제로는 어리석다.' 같은 명언이 있다. 이 말들은 겸손의 미덕을 생생하게 설명하고 있다. 마찬가지로 겸손은 세계 어느 나라에서나 본받아야 할 인품이자 정신이며 더 나아가 특별한 매력이자 경지로 여겨진다.

겸손한 사람은 사물을 꿰뚫어보기에 조급해하지 않으며, 멀리 생각하기에 함부로 행동하지 않고, 높이 서 있기에 스스로 교만하지 않으며, 바르게 행동하기에 무엇도 두려워하지 않는다.

사람을 깊어지게 하는 반성

반성은 적을 동료로 만들기도 하고 험난한 길을 평탄하게 만들기도 하며 첩첩산중을 화사한 봄날처럼 만들기도 한다.

미국 개국의 공신이었던 벤저민 프랭클린은 훗날 자신의 자서전에 이렇게 썼다. '모든 미덕을 습관화하는 것이 내 목표다.' 그에게는 항상 자신을 반성할 줄 아는 훌륭한 인품이 있었다. 매일 밤, 프랭클린은 자신에게 물었다. "나는 오늘 하루 어떤 의미 있는 일을 했는가?"

그는 끊임없이 자신을 반성하며 스스로 부족한 점이 무엇인가 생각했다. 이런 식으로 프랭클린은 자신에게서 열세 가지 심각한 단점을 찾아냈다. 그 중에서도 작은 일에 고민하고, 다른 사람과 자주 다투며, 시간을 허투루 보낸다는 세 가지 단점이 도드라져 보였다. 그는 철저한 자기 검증을 통해 성공하려면 반드시 이런 단점을 개선해야 한다고 생각했다. 그래서 이 문제를 해결하기 위해 표를 하나 만들었다. 프랭클린은 표의 한쪽에는 자신의 모든 단점을 적었고, 다른 한쪽에는 자신의 좋은 성품을 적었다.

이를테면 '검소하다, 성실하다, 청결하다, 겸손하다' 같은 것들이었다. 그는 매일 자신이 얻은 것과 잃은 것이 무엇인지 반성하며 단점을 없애고 미덕을 키우는 일을 몇 년 동안 계속했다.

이렇게 해서 그는 다방면에 미덕을 갖춘 사람이 됐고 결국 위대한 정치가이자 외교가이며, 철학자, 문학가, 항해가이자 미국 독립전쟁의 지도자로 거듭났다.

세상에 흠이 없는 보석이 없으며 완벽한 사람이 없다고 하지 않던가. 사람은 누구나 인생의 길에 지울 수 없는 흔적을 남기게 마련이다. 이런 흔적은 우리가 얼마나 성장해왔는지를 증명한다. 단, 사람은 모두 잘못을 저지르기에 스스로 반성을 하지 않는다면 잘못에 잘못을 더해 결국 더 나쁜 지경에 빠질 수밖에 없다. 따라서 반성은 성공의 초석이라고 할 수 있다. 반성은 사람의 인품을 더 고상하게 만들어 잘못의 사슬을 끊고 성공으로 다가갈 수 있게 한다.

반성은 사람과 사람 사이에서 관계를 더 친밀하게 만들기도 한다. 이에 대해 막심 고리키는 이렇게 말했다. "제때 잘못을 인정할 줄 아는 것은 당신과 타인의 관계에서 화해의 묘약이 될 수 있다." 어떤 이들은 잘못을 인정하는 것을 두려워해 자신과 남을 속이며 좀처럼 반성할 줄 모른다. 이런 사람들은 항상 자신이 옳다고 굳게 믿는다. 행여 체면이 구겨질까 봐 걱정되기 때문이다. 그러나 이렇게 억지를 부릴 경우 결국 인간관계만 악화되고 가까운 사람들마저 떠날 수 있다.

인생에서 성공을 거두고 싶다면 끊임없이 자신을 반성해야 한다. 반성은 진보의 기초로 다양한 시험을 통해 인생의 또 다른 목표에 도달하게 한다. 또한 반성은 다른 사람의 도움을 얻기 위한 전제조건으로 당신 앞의 길이 뻥 뚫리게 한다. 그뿐만 아니라 반성은 몸에 좋은 약으로 당신을 실패에서 성공으로 인도한다.

자신을 반성한다는 말은 사심을 버리고 객관적으로 자신을 평가한다는 의미다. 숲 속에 있는 사람은 숲 전체의 모습을 볼 수 없다고 하지 않던가. 숲의 진면목을 보고 싶다면 반드시 멀리 떨어져서 봐야 한다. 다시 말해 자신을 정확히 보고 싶다면 정직한 심성을 길러 스스로의 아집과 독선에서 벗어나야 한다. 예를 들어 자신이 어떤 일에 완전히 빠져 있다면 잠시 그것을 멈추고 냉정하게 그 일의 가치와 의미 등이 무엇인지 반성해봐야 한다.

물론 자신을 완전히 버리고 객관적으로 자신이 걸어온 길을 돌아보기란 쉬운 일이 아니다. 그러나 강한 의지로 끊임없이 자신을 격려한다면 분명 목표를 이룰 수 있다. 어떻게 자신의 이기적인 생각을 발견하고 개선할 것인가는 굉장히 중요한 문제다. 하지만 솔직한 심성만 갖고 있다면 못할 것도 없다. 다시 말해 솔직한 심성을 기르려면 부단한 자기반성이 필요하며 실제 상황에 따라 자신을 반성하는 방법을 적절히 조정해야 한다.

제 아무리 대단한 업적을 이룬 사람이라도 실패를 피해갈 수는 없다. 오히려 실패를 통해 다양한 경험을 했을 것이고, 여러 번의 교훈을 얻은 뒤에야 그만큼 성숙할 수 있었을 것이다. 만약 이때 실패를 인정하지 않는다면 영원히 앞으로 나아갈 수 없게 된다. 실패한 이유를 타인에게 돌리는 사람은 또 다시 실패와 불행의 소용돌이에 휩쓸릴 수밖에 없다.

일이 순조롭게 진행되지 않을 때 굳이 다른 핑계를 찾아 거기에 책임을 지울 필요는 없다. 일이 잘 풀리지 않는 데에는 분명 근본적인 원인이 있다. 따라서 일을 시작하기 전에 원인을 찾아내 없앤다면 문제를 미연에 방지할 수 있다. 사람들이 실패하는 이유는 대부분 꼭 해야 할 일을 소홀히 하거나 문제가 있다는 걸 알면서 아무것도 하지 않았기 때문이다. 그러므로 좌절을 겪었다면 실패를 다른 사람의 탓으로 돌리지 말고 먼저 자신을 반성해야 한다.

반성은 적을 동료로 만들기도 하고 험난한 길을 평탄하게 만들기도 하며 첩첩산중을 화사한 봄날처럼 만들기도 한다. 이처럼 매력적인 일이라면 마땅히 끊임없이 해야 하지 않을까.

오늘날 급격한 과학기술의 발달과 끊임없는 새로운 지식의 등장으로 경제가 급속도로 발달하면서 새로운 상황과 문제, 모순 등이 속속 나타나게 됐다. 문제는 익숙하지 않고 이해하기 어려운 이런 상황에 대처할 능력이 부족하다는 것이다. 따라서 리더는 이를 해결하기 위해 평생 부지런히 공부하며 자신의 시야와 생각의 폭을 넓혀야 한다. 또한 자신의 사상을 발전시키고 꾸준히 반성하여 자신에게 주어진 사명을 감당해야 한다.

공자(孔子)는 스스로 도덕을 수양하는 방법으로 '자성(自省)'을 강조하며 다음과 같은 말을 남겼다. "어진 이를 보면 그와 같이 되기를 생각하고, 어질

지 못한 사람을 보면 나 자신을 살펴 반성하라." 주희 역시 "날마다 자신을 반성해 잘못이 있으면 고치고 없으면 더욱 분발하라."란 말로 자신을 수양하고 반성하는 것이 얼마나 중요한지를 갈파했다. 새로운 시대의 리더라면 더욱 자신을 반성하고 잘못을 살펴 지나친 욕망을 자제하고 작은 잘못이 큰 잘못이 되는 것을 피해야 한다. 이런 자성은 배움에서 시작해야 한다. 그래야만 올바른 방향과 원칙, 기본을 지킬 수 있기 때문이다. 배움은 기회를 제공할 뿐만 아니라 능력 부족의 문제도 해결해준다.

  리더는 배움을 통해 항상 스스로를 반성하며 자신만의 원칙을 지켜야 한다. 그래야 잘못할 가능성이 줄어들고, 고상한 성품을 키울 수 있으며, 그 어떤 유혹에도 꿋꿋이 이겨낼 수 있다.

자신을 손금 보듯이 들여다보라

사람이 태양 아래 서 있으면 각도에 따라 그림자가 길어지기도 하고 짧아지기도 한다. 그러므로 우리는 그림자가 아닌 몸을 보며 자신을 가늠해야 한다.

윌리엄 F. 버클리는 미국 정계 보수파에 큰 영향을 끼친 인물이자 다재다능한 잡지 편집자이며 작가였다. 그는 두뇌 회전이 빠른데다 날카롭고 신랄한 말솜씨로 정평이 난 사람이었다. 1965년, 버클리는 보수파를 대표해 뉴욕 주지사 선거에 나가게 됐다. 그러나 사실 버클리가 당선될 확률은 0%에 가까웠으며 본인조차도 크게 기대하지 않았다.

선거운동 기간 중 한 기자가 버클리에게 물었다. "만약 뉴욕 주지사가 되신다면 가장 먼저 어떤 일을 하고 싶으십니까?" 그 말에 버클리는 빙그레 웃으며 말했다. "그렇다면 재검표를 해보겠습니다. 혹시 잘못된 게 아닌지 말입니다."

사람은 본래 자신의 무지를 알아야 더 많이 알려고 하며 스스로 두려움이 없어야 최선을 다하려 한다. 그러므로 자신의 성공을 자랑하는 것은 장점처럼 보이지만 단점이고, 자신의 잘못을 드러내는 것은 단점처럼 보이지만 장점이다. 사람은 자신을 더 잘 알수록 배우고자 하는 욕구가 샘솟는다. 그렇게 배우고 나면 오히려 자신이 아는 것이 없다는 사실을 알게 되어 보다 많이 배우고 싶어 하게 된다. 이처럼 앎에는 경계가 없고 배움에는 끝이 없다.

아인슈타인이 얼마나 위대한 인물인지를 모르는 사람은 거의 없을 것이다. 그가 남긴 상대성이론과 물리학계에서 이룬 성취는 인류의 큰 자산이 됐다. 그럼에도 그는 죽을 때까지 배움과 연구를 멈추지 않았다. 누군가 그런 그를 이해할 수 없다는 듯 물었다. "선생님이 이루신 성과는 이미 물리학계에서 전무후무합니다. 그런데 왜 지금까지도 그토록 연구에 힘쓰십니까? 이제는 편안히 누리기만 하셔도 되지 않나요?"

그 말에 아인슈타인은 아무런 대꾸도 없이 종이와 펜 한 장을 가져오더니 큰 원과 작은 원을 그렸다. "지금 물리학이란 영역만 본다면 제가 당신보다 조금 더 많이 알겠죠. 하지만 한 가지 예를 들어볼까요? 당신이 아는 것을 이 작은 원이라 하고, 내가 아는 것을 이 큰 원이라고 합시다. 전체 물리학의 지식은 끝이 없다고 할 수 있습니다. 그렇게 보면 작은 원은 둘레가 작아 미지의 영역과 접하는 면도 작을 수밖에 없죠. 그러면 스스로 모른다고 느끼는 것도 적게 마련이고요. 반면 이 큰 원은 바깥쪽과 접하는 면이 큽니다. 당연히 스스로 모른다고 느끼는 것도 훨씬 많을 수밖에 없습니다. 그러니 제가 더 열심히 연구할 수밖에요."

참으로 절묘한 비유가 아닐 수 없다. 아인슈타인은 누구보다 자신을 정확히 알고 있는 위대한 인물이었다. 실제로도 지식이 많은 사람은 본인의 부족함을 알지만, 지식이 없는 사람은 오히려 뭐든지 아는 척한다.

　사람에게 자기 자신을 정확히 아는 것처럼 중요한 일은 없다. 그러나 사실 진정으로 자신을 이해하고 극복하며 다스리기란 그리 쉽지 않다. 자신을 안다고 생각하는 것과 진짜 자신을 아는 것은 다르다. 대부분의 사람은 자신을 안다고 착각하는 것뿐이다. 정말 자신을 이해하는 이들은 소수의 현명한 사람들뿐이다. 만약 인생의 저울이 있다면 자신을 가볍게 평가하는 사람은 쉽게 열등감에 빠질 것이다. 반대로 자신을 무겁게 평가하는 사람은 자만심에 빠지기 쉽다. 오직 자신을 정확히 평가할 때 자신이 누구인지 제대로 알 수 있으며 스스로에 대해 확신할 수 있다. 이를테면 스스로 밥 먹을 자격은 있는지, 자신의 가치가 얼마나 되는지 깨닫게 되는 것이다.
　그러나 사람들 대부분은 자신을 지나치게 무겁게 평가하기에 과도한 자신감과 자만심에 빠져 있다. 그들은 자신이 남보다 낫다고 생각하지만, 막상 어떤 일이 닥치면 무엇이 중요한지 몰라 어처구니없는 상황에 빠지거나 불필요한 비극을 겪게 된다. 물론 자신을 가볍게 평가하는 사람들도 있긴 하다. 그들은 자신을 하찮게 여기는 탓에 기가 죽어 종종 별다른 성과를 거두지 못한다. 이런 사람들은 늘 자신이 남보다 못하다고 자책하다 결국 끝없는 고통에 빠지고 만다.

　중국의 격언 가운데 '매일 세 번 자기 자신을 살펴라.'라는 말이 있다. 즉, 이는 자기 자신을 정확히 알려면 스스로 수양하고 삼가야 한다는 뜻이다. 자신을 반성해야 스스로 단속할 수 있고, 스스로 단속해야 자신을 존중할 수 있으며, 자신을 존중해야 자립할 수 있는 법이다. 자신을 존중하는 것은 지조이며, 자신을 아는 것은 지혜이고, 자신을 다스리는 것은 수양이다.

자신을 정확히 아는 사람은 인격이 당당하고 비범하며, 행동이 자연스럽고 의젓하다. 그런 품성 덕에 사람들 누구에게나 칭송받고 하는 일마다 순조롭다. 살면서 늘 자신을 관찰하고 분석하며, 단점을 보완하고, 아는 만큼 생각하고 행동하라. 그리고 자신에게 다가오는 기회를 놓치지 않으면 자기 인생의 호황기를 누릴 수 있을 것이다.

자신을 아는 것과 모르는 것은 한 끝 차이지만 결과는 전혀 다르다. 자신을 잘 모르는 사람은 종종 분수를 잊고 으스대다 정작 중요한 문제는 제대로 파악하지 못한다. 그렇게 제 분수도 모르고 방황하다 인생이란 배를 전혀 엉뚱한 곳으로 몰고 가는 것이다. 반면 자신을 잘 아는 사람은 본인에 대해 손금을 들여다보듯 모르는 것이 없다. 그래서 어떤 일을 겪어도 큰 그림을 볼 줄 알기에 자신에게 손해가 될 것을 피하고 이익이 될 것을 쫓아 좀처럼 좌절하는 법이 없다. 이럴 경우 인생에 대한 기대감도 높아지고 가는 길도 순탄하게 마련이다. 그러나 자신을 잘 모르는 사람은 개인적인 욕심과 기분의 영향을 받기 쉽다. 오늘날 우리는 인심이 바닥에 떨어지고 물욕이 넘쳐나는 시대에 살고 있다. 이런 때에 다양한 인간관계 속에서 자신을 정확히 인식하지 못하고 본인을 단속하지 않으면 권력과 돈, 색(色), 욕망의 유혹에 빠져 인생의 쓴맛을 볼 수도 있다. 주변을 둘러보면 실제로 그런 사례가 적지 않다.

어떤 이들은 누군가 좋은 평가를 받으면 인정할 수 없다며 목청을 높인다. "그 사람이 나보다 잘한 게 뭐가 있냐고?" 행여 상대가 진급을 하거나 능력을 인정받으면 말도 안 되는 불평이나 궤변을 잔뜩 늘어놓는다. 심지어 리더 중에도 자신의 장점과 다른 사람의 단점을 즐겨 비교하는 사람이 있다.

그런 사람은 누구는 인품이 나보다 못하고, 누구는 능력이 나보다 못하며, 누구는 성과가 나보다 못하다는 식으로 떠벌린다. 게다가 이런 사람들은 자신만 옳다고 믿기에 잘못은 무조건 남에게 돌리고 제멋대로 횡포를 부리기 십상이다. 한마디로 누구도 쉽게 건드릴 수 없는 자기 말만 옳은 폭군이 되는 것이다. 이럴 경우 그가 이끄는 팀은 단결력이 떨어져 새로운 업무 성과를 기대하기 어렵고 결국엔 그 리더 역시 나쁜 평판에 시달리다 자리에서 물러날 수밖에 없다.

'자기 눈으로 제 눈썹은 못 본다.' 이 말은 누구나 자신을 정확히 알 수 없다는 뜻이다. 사람들은 두 눈으로 별을 관찰하고 타인을 관찰하고 사회를 통찰하지만 정작 눈꺼풀 위의 눈썹은 보지 못한다. 마찬가지로 남의 단점이나 잘못은 찾기 쉽지만, 자신의 단점이나 잘못은 찾기 어렵다. 그만큼 자기 자신을 정확히 아는 것은 어렵고도 고귀한 일이다.

세상에 본래 완벽한 사람은 없다. 그러므로 모든 사람은 자신을 정확히 알고 자기 장점과 단점을 파악해야 한다. 자신을 잘 알면 장점은 키우고 단점은 보완해 재능을 마음껏 발휘할 수 있으며 꾸준히 발전할 수 있다. 시야를 넓혀 자신의 단점과 다른 사람의 장점을 알면 상대의 장점으로 자신의 단점을 개선할 수도 있다. 그뿐만 아니라 자신이 아는 것만이 전부가 아니란 사실을 깨달아 성과도 없는 일에 맹목적으로 매달리지 않게 된다.

사람이 태양 아래 서 있으면 각도에 따라 그림자가 길어지기도 하고 짧아지기도 한다. 그러므로 우리는 그림자가 아닌 몸을 보며 자신을 가늠해야 한다. 이것이 바로 자신을 정확히 파악하는 현명한 방법이다. 또한 자신이 어떤 사람인지를 알려면 다른 사람들의 이야기를 자주 들어야 한다. 사람은 자신을 훨씬 높게 평가하는 경향이 있기에 다른 사람들의 평가와는 정반대일 수 있다.

물론 그렇다고 자신을 지나치게 얕잡아볼 필요는 없지만, "전 다른 사람보다 부족합니다."라고 겸손하게 말하는 것이 자신을 얕잡아보는 일은 아니다. 이는 오히려 지나치게 자만하거나 포기하지 않고 사람들에게 있는 그대로 자신을 대해 달라고 요구하는 것과 같다. 자신에 대한 겸양을 스스로 얕잡아보는 일이라 오해하는 사람은 겸손의 참 의미를 모르는 것이나 마찬가지다. 자신을 정확히 알려면 항상 자만하지 않고 냉정히 생각하며 끊임없이 배우고 인품을 쌓아야 한다. 또한 새로운 환경과 상황에서도 새로운 성과를 만들어내도록 꾸준히 자신을 연마해야 한다.

재상의 뱃속에서는
노도 저을 수 있다

"지도자라면 시야는 더 넓게 하고, 마음은 더 크게 하라."
덩샤오핑鄧小平

1797년 2월, 나폴레옹이 이끄는 프랑스군은 포 강(江)을 건너 로마교황의 영지까지 들어가 교황의 군대와 맞섰다. 이 전투에서 프랑스는 대승을 거두고 많은 포로를 잡아들였는데 그들은 대부분 이탈리아 사람이었다. 당시 나폴레옹은 앞으로의 득실을 고려해 모든 포로를 풀어줬다. 석방에 앞서 나폴레옹은 포로들에게 이탈리아어로 이탈리아인의 자유와 교황제도의 폐해를 지적하며 이런 연설을 했다.

"나는 이탈리아 민족의 친구이며 특히 로마인의 친구라오. 나는 여러분의 행복을 위해 이곳에 왔소. 이제 여러분을 석방하니 고향으로 돌아가 프랑스군의 종교와 질서에 대해 이야기하고 우리가 가난한 자들의 친구란 사실을 알려주시오."

포로들은 나폴레옹의 넓은 아량에 고마워하며 환호성을 질렀다. 또한 그를 전쟁의 원수가 아닌 은인으로 여겼다. 그 결과 석방된 모든 포로는 나폴레옹을 찬양하는 홍보원이 됐다. 그들은 이탈리아 곳곳을 다니며 나폴레옹이 진정한 이탈리아인의 친구라고 칭찬했다. 석방된 포로들의 소식은 멀고 먼 아펜니노 산 여러 농가까지 빠르게 퍼져 나갔다. 나폴레옹은 이런 방법으로 이후 이탈리아에서의 원활한 군사행동과 통치를 위한 조건을 마련했다.

프랑스군은 처음부터 이탈리아군보다 강한 전력을 갖추고 있었지만, 일부러 포로를 석방해 회유책을 썼다. 이탈리아 포로들이 고향으로 돌아가 나폴레옹과 프랑스군을 찬양한 덕분에 나폴레옹은 이탈리아군은 무력화시키고 이탈리아 백성들의 마음도 사로잡을 수 있었다. 나폴레옹은 바로 이런 효과를 노리고 포로들을 풀어준 것이다.

제2차 세계대전 중 한 부대가 숲속에서 적군과 마주쳤다. 격렬한 전투 뒤에 두 명의 병사가 부대에서 낙오됐다. 두 사람은 숲속에서 서로를 위로하고 격려하며 십여 일을 보냈지만, 여전히 부대와는 연락이 닿지 않았다. 하루는 운 좋게 사슴을 잡아 그 고기를 먹을 수 있었지만, 그 뒤로는 어떤 동물도 잡을 수 없었다. 그들은 조금 남은 사슴고기를 등에 지고 길을 나섰다. 얼마 지나지 않아 적군과 마주쳤지만 다행히도 그들을 피해 도망칠 수 있었다.

두 사람 모두 안전해졌다며 안도의 한숨을 내쉬었을 때 갑자기 "탕~!" 한 발의 총성이 울렸다. 앞서 걷던 젊은 병사가 어깨에 총을 맞고 쓰러졌다. 뒤쪽의 병사는 겁에 질린 채 헐레벌떡 뛰어와 그를 안고 눈물을 흘리며 자신의 군복을 찢어 상처를 싸매줬다. 그날 밤, 상처를 입지 않은 병사는 어머니의 이름을 되뇌며 눈물지었다. 그들은 더 이상 버텨내기 힘들다고 생각했다. 배고픔이 몰려왔지만 두 사람 중 누구도 남은 사슴고기에 손대지 않았고 다음날 극적으로 아군에 구출될 수 있었다.

삼십 년 뒤, 총상을 입었던 병사 앤더슨은 고백했다. "난 누가 내게 총을 쏘았는지 알고 있었어. 바로 내 뒤에 걸어오던 전우였지. 그가 달려와 날 껴안았을 때 그의 총구에서 열이 나는 것을 느꼈거든. 하지만 나는 그가 무엇 때문에 총을 쐈는지 이해할 수 있었어. 그는 내가 지고 있던 사슴고기를 독차지하고 싶었던 거야. 자기 어머니를 위해 살아남고 싶었으니까. 삼십 년이 넘도록 나는 단 한 번도 그 일을 입에 올리지 않았고 아예 모른 척 살아왔지. 그의 어머니는 아들이 돌아올 때까지 기다리지 못했고 우린 함께 그녀를 추모했어. 그날 밤, 그가 무릎을 꿇은 채 무조건 용서해달라고 빌었고 나는 진실을 묻지 않았어. 그 뒤로 우리는 수십 년 동안 좋은 친구로 지내왔지."

관용은 많은 의미를 가진 특별한 기질이며 개인의 생각과 마음이 얼마나 여물었는지를 알려주는 삶과 행복의 비결이다. 현명한 사람일수록 관용이 있으며 지혜로운 사람일수록 마음이 넓다. 앤더슨은 넓은 아량이 자신의 타고난 복이자 스스로를 한 단계 높여주는 방법임을 잘 알고 있었다. 그의 넓은 마음은 친구를 품었을 뿐만 아니라 자신을 이롭게 했다. 이처럼 관용은 삶의 기술이자 생존의 지혜다. 사회와 인생이 무엇인지 깨달은 사람은 바로 이런 여유와 초연함을 얻을 수 있다.

그러나 어떤 리더들은 부하직원의 작은 실수 하나도 견디지 못해 아예 그를 해고하거나 톡톡히 망신을 주기도 한다. 그뿐만 아니라 부하직원의 말에는 전혀 귀를 기울이지 않는다. 어떤 리더는 가벼운 잘못에도 크게 책임을 묻고 무거운 죄를 더욱 엄하게 다스리기도 한다. 심지어 작은 꼬투리를 물고 늘어져 무조건 잘못을 다그치는 경우도 있다. 잘못한 사람에게 다시 개선할 기회조차 주지 않는 것이다. 하지만 잘못한 사람에게 관용을 베풀면 대부분 그 결과도 좋게 돌아온다. 이렇듯 관용은 사람이 기본적으로 갖춰야 할 미덕이자 수양이며, 처세의 지혜이자 견고한 힘이다. 그러므로 리더가 넓은 마음으로 대하면 본인의 이미지도 향상될 뿐 아니라 조직이나 구성원들 모두에게 도움이 된다.

리더는 반드시 넓은 마음으로 천하에 품지 못할 것이 없어야 한다. '재상(宰相)의 뱃속에서는 노도 젓고, 장군의 이마 위에서는 말도 탄다.'라는 명언도 있다. 중국의 지도자 덩샤오핑(鄧小平)은 지도자들에게 두 가지 덕목을 강조했다. "시야는 더 넓게 하고, 마음은 더 크게 하라." 본래 지도자는 무엇이든 포용할 수 있는 아량이 있어야 하며 어떤 일에든 과도하게 질책해서는 안 된다. 또한 모든 사람에게 완벽하도록 요구하지 않고 아랫사람의 실수를 받아주고 그 잘못을 감싸줘야 한다. 이처럼 마음이 넓은 리더라야 많은 인재를 모을 수 있다.

넓은 마음으로 품어줄 때 사람들도 믿고 따르게 마련이다. 잘못한 사람이 있다면 마음의 짐을 덜어주고, 그의 경험을 통해 배우고 다시 그런 실수를 하지 않도록 도와야 한다. 리더라면 실수한 사람이 가질 마음의 부담을 덜어줘야 하며 잘못을 물고 늘어져 일하고자 하는 열정마저 사라지게 하면 안 된다.

관용과 성실, 근면과 긍정 등은 인격과 도덕 수준을 가늠하는 척도가 된다. 마음이 넓다는 것은 다른 사람을 존중하고 포용하며 사랑한다는 뜻이다. 만약 이 세상에 이해와 관용이 없다면 세상은 차가워지고 살 가치를 잃을 것이다. 사실 일상적인 업무에서도 관용은 중요한 역할을 한다. 리더들은 관용을 보여 업무를 효과적으로 진행할 수 있으며 실적을 높일 수 있다.

바다가 수많은 하천의 물을 받아들일 수 있는 것은 그만큼 품이 넓기 때문이다. 리더가 넓은 가슴으로 양보하고 이해할 때 업무도 훨씬 순조로워진다. 관용은 심각한 갈등도 사라지게 한다. 물론 관용과 방임은 다르므로 무조건 내버려두라는 뜻은 아니다. 관용에도 정도가 있기에 원칙도 없이 무턱대고 받아주고 허용해서는 안 된다. 관용이란 모든 이의 힘을 하나로 모으기 위한 원칙 있는 양보이자 목표를 완수하기 위한 효과적인 수단이라 할 수 있다.

── TOP LEADER ──

2

결단

뜨겁게 고뇌하고 차갑게 결단하라

먼저 귀를 열고,
다음엔 마음을 열어라

"사람이 잘못을 저지르는 것은 무엇을 몰라서가 아니라 무엇이든 안다고 생각하기 때문이다."
장 자크 루소 Jean-Jacques Rousseau

축구에 대해 관심이 있는 사람이라면 AFC 아약스 신화를 일궈낸 루이스 반 할 감독을 잘 알 것이다. 반 할은 네덜란드 암스테르담의 그리스 정교 가정에서 아홉째 아들로 태어났는데 축구에 관한 한 다양한 재능을 가지고 있어 그야말로 타고난 지도자라 할 만했다. 반 할은 학교와 클럽에서 팀을 만들었으며 친구에게 문제가 생기면 먼저 손을 내밀었다.

1991년, AFC 아약스의 감독이 된 그는 자신의 규칙에 따라 팀을 움직이게 만들겠노라고 공언했다. 그의 신념대로 아약스는 젊은 네덜란드 선수들을 주축으로 꾸려졌고 실제로 아약스의 황금시대가 열렸다. 1995년에는 그의 젊은 팀이 UEFA컵 우승을 차지하기도 했다. 그로부터 몇 년 뒤 그는 FC 바르셀로나의 감독이 됐다. 하지만 그곳에서 그는 지도자로서 치명적인 약점을 드러냈다.

당시는 보스만룰(원 소속팀과의 계약이 6개월 이하로 남으면, 구단의 동의 없이 자유롭게 타 구단과 계약할 수 있게 만든 규정-역주)이 적용되어 다양한 국적의 선수들이 한 클럽에서 뛰는 상황이 많았다. 당연히 축구팀 감독에게도 서로 다른 나라 선수들과 어울릴 수 있는 능력이 요구됐다.

그러나 루이스 반 할 감독은 자신의 '네덜란드 문화'에 녹아들지 못하는 선수에게 악의를 품거나 모자란 사람 취급했다. 이런 그의 생각은 마치 견고한 울타리와 같아 아무리 뛰어난 실력을 갖춘 선수라도 예외는 없었다. 덕분에 브라질 출신의 히바우두도 반 할 감독에게 푸대접을 받아야 했다. 그뿐 아니라 반 할 감독은 형편없는 수비수로 유명한 윈스턴 보가르데를 단지 네덜란드 선수라는 이유로 FC 바르셀로나에 무리하게 영입해 자신의 신념을 관철하려 했다.

바르셀로나의 축구팬들은 윈스턴 보가르데를 보며 하나같이 이렇게 생각했다. '저 녀석을 뛰게 하느니 내가 운동장에서 뛰는 게 낫겠다!' 결국 2000년 루이스 반 할 감독은 FC 바르셀로나를 떠나야 했다. 사실 그의 팀 운용이 실패한 것은 아니었다. 그가 있던 세 시즌 동안 팀은 두 번이나 프리메라리가 우승을 차지했기 때문이다. 그러나 카탈루냐 사람들은 너나 할 것 없이 반 할 감독을 싫어했다.

반 할 감독의 독단에 가까운 지도 스타일은 훗날 그의 경력에도 악영향을 미쳤다. 네덜란드 국가대표팀 감독을 맡았지만, 막상 팀을 월드컵 본선에조차 올리지 못한 것이다. 이 일이 있고도 반 할 감독은 자신에게 아무런 문제가 없으며 선수들이 따라주지 못한 탓이라고 투덜댔다. 그러자 네덜란드 팀 선수들 역시 그의 전횡을 못마땅해 하기 시작했다. 이를테면 그는 아침식사에 45초만 늦어도 벌금을 물렸고, 양말을 똑바로 신었는지를 검사하기도 했다. 요즘 축구 선수들은 경기에 대한 무거운 부담감 때문에 경기 이외의 시간에는 마음껏 자유를 누리고 싶어 한다. 그러나 루이스 반 할 감독은 이마저도 허용하지 않았다.

월드컵이 끝나고 브라질의 축구선수 호나우두가 FC 바르셀로나에서 뛰고 싶다는 의사를 밝혀왔다. 그러나 FC 바르셀로나에 다시 돌아와 있던 반 할 감독은 이를 마뜩잖아 했다. "호나우두는 잘난 척이 너무 심해. 지금 뛰고 있는 인터밀란도 벅찰 텐데, 바르셀로나에 오겠다고? 말도 안 돼."

월드컵의 두 번째 골게터였던 히바우두는 바르셀로나 팀에겐 보배와 같은 선수였다. 그러나 반 할 감독은 그마저도 내쫓고 싶어 안달이었다. "히바우두나 호나우두나 똑같아. 자기 밥그릇 챙기기만 관심이 있지."

FC 바르셀로나가 홈구장에서 세비야 FC에게 0대 3으로 패배하자 축구 팬들은 반 할 감독의 뒤에서 하얀 수건을 흔들며 큰소리로 외쳤다. "사퇴하라! 사퇴하라!" 반 할 감독은 지금의 축구가 AFC 아약스를 이끌고 UEFA 컵에서 우승할 때와는 상황이 달라졌음을 깨닫지 못했다. 과거 AFC 아약스가 잘나가던 시절에는 볼을 돌리며 상대의 수비가 약점을 드러낼 때까지 기다리는 방법이 통했다. 그러나 네덜란드 축구선수 출신인 마르코 판 바스턴이 밝혔듯, 현재는 수비가 훨씬 빨라지고 단단해져 이런 방어선을 뚫으려면 뛰어난 포워드가 기회를 만들어내야 한다.

그에 비해 아스널 FC의 아르센 벵거, FC 바이에른 뮌헨의 오토마르 히츠펠트, 레알 마드리드의 비센테 델 보스케 같은 감독들은 스타플레이어들과 충분히 소통할 줄 알았다. 또한 다양한 국적의 선수들이 갖고 있는 고유의 문화와 정서, 습관 등을 이해해 결국 팀을 하나로 만들어냈다.

만약 리더들이 자기 뜻대로만 하려 들면, 다른 사람들과의 소통에 실패할 수밖에 없다. 그들은 다른 사람의 의견에 귀를 기울이지 않고 아랫사람들에게 무조건 자신의 뜻을 강요한다. 이럴 경우 꼭 해야 할 일이나 할 수 있는 일도 하지 못한 채 인력과 자원만 낭비하며 잘못된 방향으로 갈 수도 있다. 자신만 옳다고 생각하는 고집은 성장으로 가는 통로를 막는다. 자기만이 옳다고 믿는 사람은 다른 이들의 정확한 의견에도 귀를 기울이지 않고 무조건 무시한다. 심지어 자신과 다른 의견을 고집하면 아예 다른 부류로 취급하기도 한다. 이런 독선은 발전을 방해하고 제자리걸음만 하게 한다. 마찬가지로 앞선 지식이나 명확한 사상을 받아들이지 않는 과학 이론들 역시 진보할 수 없다.

자신감은 리더가 갖춰야 할 기본 소양이다. 자신감은 열정으로 이어지고, 어떤 일이든 수월하게 성공할 기본을 마련해준다. 그러나 맹목적이고 고집스러운 자신감은 타인과의 소통 부족으로 이어져 실패로 이어진다.

모든 리더는 이런 사실을 거울삼아 스스로를 진지하게 반성해야 한다. 독선을 방지하려면 첫째, 더 많이 공부하고 사람들과 소통하며 일하는 방식을 바꾸려 노력해야 한다. 또한 인식과 결정능력을 강화하는 동시에 나만 옳다는 생각을 버리고 사람들의 의견을 폭넓게 수용해야 한다.

둘째, 민주적이고 자유로운 원칙을 바탕으로 구성원 모두가 함께하는 환경을 적극적으로 조성해야 한다. 특히 리더는 무엇을 결정하기에 앞서 다양한 의견을 청취해 다수가 바라는 것이 무엇인지 정확히 파악해야 한다. 리더라면 마땅히 자기 고집만 부리며 귀를 막는 대신 넓은 마음으로 사람들의 뜻을 수용해 그들의 재능을 100% 활용해야 할 것이다.

프랑스의 사상가 장 자크 루소는 "사람이 잘못을 저지르는 것은 무엇을 몰라서가 아니라 무엇이든 안다고 생각하기 때문이다."라고 말했다. 새로운 상황과 직면하게 될 때 자신이 뭐든지 안다고 착각하는 사람은 폐쇄적인 사고방식 때문에 남의 의견을 듣지 않는다. 하지만 상황은 늘 변화하기 마련이라 매번 새로운 상황에 맞닥뜨리게 되므로 끊임없는 자기반성이 필요하다. 다시 말해 자신이 처한 위치나 시간, 공간에 따라 자신을 조절하고 가장 적당한 대응책을 선택해야 한다.

뭐든지 아는 척하는 사람은 자신의 행동 하나로 본인의 운명과 미래를 구렁텅이로 밀어 넣는 것이나 마찬가지다. 이런 사람은 시대의 흐름에 뒤처질 뿐만 아니라 순탄해 보이던 길에서 느닷없이 넘어져 다시는 일어서지 못하기도 한다.

정답은 바깥에 있을 수도 있다

"집에 물이 새는 것을 아는 사람은 지붕 아래 있는 사람이다."
원자바오 溫家寶 전 총리

프레온가스는 한때 냉장고, 에어컨, 공기압축기 등에 광범위하게 사용됐다. 그러나 장기간의 프레온가스 사용은 지구 환경에 커다란 위협이 됐다. 1985년과 1987년, 국제사회는 오존층을 보호하기 위해 '오존층 보호에 관한 빈 협약'과 '오존층 파괴 물질에 관한 몬트리올 의정서'를 제정했다. 이 협약들의 목적은 무엇보다 염화불화탄소(CFC)와 같은 오존을 소모시키는 물질을 제거하는 것이었다. 그 때문에 프레온가스를 사용하는 회사들은 하루라도 빨리 이를 대체할 제품을 개발해내야 했다. 이때 듀퐁은 프레온가스 제품의 대체품을 생산하기 위한 최상의 방법을 찾아냈다. 바로 R&D 업무를 외부의 학술기구와 싱크탱크, 다른 회사 등에 있는 이십여 개 조직에 일괄적으로 맡긴 것이다.

외부의 힘을 빌려 시작한 연구는 얼마 지나지 않아 큰 성공을 거뒀다.

1993년 듀퐁은 프레온가스의 생산을 중단했다. 이는 국제협약이 정한 최종시한보다 3년이나 빠른 것이었다. 그뿐만 아니라 냉각제와 추진제, 세제 등 다섯 개 상품 영역에서 바로 프레온가스 대체품 판매를 시작했다.

당시 듀퐁은 프레온가스 대체 연구 프로젝트에 4억 달러를 쏟아 부었으며 그중 외부 인력의 연구 사업에 5백만 달러를 투자했다. 이 방법으로 듀퐁은 수십 배의 경비를 아낄 수 있었다. 이에 대해 듀퐁 관계자는 다음과 같이 말했다. "만약 모든 연구를 자체적으로 진행했다면 연구소에 꼭 필요한 전문 설비나 인력 등에 투자하느라 협력 파트너에게 지불했던 금액보다 10배는 더 들었을 것이다." 듀퐁이 신경을 쓴 부분은 돈이 아니라 시간이었다. 프레온가스를 금지하는 법령이 효력을 발생하고 대체품 연구를 시작하면 제품 출시가 지연되기 때문이다. 듀퐁 관계자는 이에 대해 "시간은 모든 계획의 추진력이었다."라고 말했다.

이처럼 외부의 힘을 빌리면 업무에 대한 부담을 덜고 혼자 힘으로 하는 것보다 훨씬 빨리 문제를 해결할 수 있다. 외부의 인력을 활용할 때의 장점은 속도뿐만이 아니다. 연구 프로젝트를 아웃소싱 한 경험이 있는 CEO들이 꼽는 장점은 다음과 같다. 새로운 연구를 시작할 때마다 연구인력을 고용하는 것보다 외부 기관에 연구 프로젝트를 맡기는 것이 장기적인 발전 측면에서 훨씬 유리하다. 만약 회사 내부에서 프로젝트를 진행한다면, 최소 몇 달이 지나야 가능성이 있는지 없는지 판단할 수 있다. 그러나 외부 프로젝트라면 계약 기간이 끝날 때까지 기다릴 필요가 없다. 대부분의 프로젝트는 쌍방이 30일 이내에 계약을 취소할 수 있기 때문이다.

적합한 아웃소싱 파트너를 선택한 회사는 전문적인 연구기관과의 계약으로 높은 수준의 기술과 경험, 설비 등을 동시에 얻을 수 있다. 이런 것들을 자체적으로 갖추기란 쉬운 일이 아니다. 지금 필요한 것은 시장을 알고, 소비자를 아는 진짜 전문가다. 계약을 통해 외부 연구를 진행하면 프로젝트의 성격에 꼭 맞는 연구인력을 당장 확보할 수 있다.

듀퐁은 이런 점을 잘 알았기에, 프레온가스 대체품 분야에서 눈에 띄는 성과를 거둘 수 있었다. 외부 연구팀은 이익이나 명예에 휘둘리지 않는 각 분야의 전문 인재로 구성된다. 리더라고 해서 모든 분야에 정통할 수는 없지 않은가. 따라서 어떤 일을 결정하기까지 전문적인 인재의 재능을 동원하고 활용할 줄 알아야 한다. 이렇게 인재를 활용할 줄 모르는 리더는 절대 큰일을 이뤄낼 수 없다.

아랫사람을 동원하거나 많은 사람의 지혜를 모으는 것도 현명한 처세의 방법이다. 본래 진리란 많은 사람 가운데 있지 않던가. 중국의 원자바오 총리는 한 방송국과의 인터뷰에서 '집에 물이 새는 것을 아는 자는 지붕 아래 있고, 실정(失政)을 아는 자는 초야에 있다.'라고 말한 바 있다. 집에 물이 새는지 알려면 지붕 아래 있어야 하고, 나라가 정치를 잘하는지 알려면 국민의 소리를 들어야 한다는 말이다. 이처럼 리더는 사람들의 의견에 귀를 기울여야만 하고, 그들로부터 지혜를 구해야 한다.

이는 구성원들의 적극성을 이끌어내는 좋은 방법이기도 하다. 사실 구성원들이 보너스나 장려금을 받았다고 무조건 감격하는 것은 아니다. 오히려 사람들은 자신의 의견이 받아들여졌을 때 더 큰 쾌감을 느낀다. 또한 서로에 대한 이해가 깊어지고 감정적인 공감대가 형성될수록 친화력은 더 강화된다.

물론 '외부의 힘'이 꼭 사람만 가리키는 것은 아니다. 앞선 사례나 고전의 논단 등도 모두 간접적인 외부의 힘이 될 수 있다. 실제로 리더들은 잘 알려진 성현의 사례나 명언을 인용하는 경우가 많다.

동료나 경쟁자의 경험을 공부하고, 다른 회사의 사례를 빌려와 응용해도 좋다. 농축된 지혜를 자신의 능력으로 보완하고 활용하라는 말이다. 이렇게 다른 사람들의 힘을 내 습관으로 만들면 어느 틈에 자신의 능력이 업그레이드되었음을 느낄 수 있다.

모든 일의 마지막 결정은 리더의 몫이지만, 리더 마음대로 하라는 얘기는 아니다. 결정의 옳고 그름이 일의 성공과 조직의 발전에 직접적인 영향을 줄 수 있기 때문이다. 중국 속담에 '밖에서 온 스님이 염불은 더 잘 외운다.'라는 말이 있다. 이처럼 외부에서 온 인재라도 실력만 있으면 기꺼이 받아들여야 한다. 문제에 맞닥뜨리게 됐을 때 리더가 하나만 고집하면 사고능력에 제약이 생겨 해결이 어려워진다. 반면 브레인들을 활용해 도움을 받으면 어려운 문제도 돌파구를 찾게 된다.

완벽한 결단을 도와주는
영감과 직관

"경험은 좋은 것이다. 그러나 우리는 많은 경험 없이 큰 성장곡선을 그리는 사람들을 종종 보게 된다."

프레드 그린슈타인 Fred Greenstein

미국의 전 대통령, 조지 W. 부시는 직감에 의지해 복잡한 군사와 외교 문제를 처리했다고 한다. 2003년 4월 19일 오전 8시, 부시 대통령과 백악관 고위인사들은 걸프전 개전(開戰) 타이밍을 확정하기 위해 회의를 열었다. 부시 대통령은 회의에 참석한 걸프만 최고지휘관들의 의견을 듣고 전쟁 시기와 전략을 확정했다.

그런데 그날 오후, 중앙정보국 국장인 조지 테닛과 국방부장관인 도널드 럼즈펠드가 사담 후세인의 소재에 대한 정보를 입수한 후 부시 대통령을 찾아와 전쟁에 대한 새로운 전략을 제시했다. 부시 대통령은 전략 고수냐, 수정이냐의 갈림길에 섰지만 오래 망설이지 않았다. 자신의 직감을 믿고 즉시 전략계획을 수정한 것이다.

많은 전문가들은 부시 대통령이 UN의 반대에도 전쟁을 감행할 수 있었던 것은, 외교 경험이 부족했기 때문이라고 했다. 하지만 반대되는 의견을 제시하는 전문가들도 있다. 프린스턴대학의 대통령학 권위자인 프레드 그린슈타인(Fred Greenstein)은 "경험은 좋은 것이다. 그러나 우리는 많은 경험 없이 큰 성장곡선을 그리는 사람들을 종종 보게 된다."라고 말했다. 사실 미국 현대사를 살펴보면 외교에 대해 잘 모르면서도 큰 도전에 맞서 자신의 판단으로 새로운 정책을 결정한 지도자들이 적지 않다.

〈워싱턴데일리〉는 외교 경험이 없으면서도 큰일을 이뤄낸 인물로 트루먼과 레이건 대통령을 꼽았다. 해리 트루먼은 전임 대통령이던 프랭클린 루스벨트가 세상을 떠나기 전까지 외교정책에 대해 전혀 알지 못했다. 그럼에도 트루먼은 대통령 자리에 오른 지 불과 몇 개월 만에 2차 대전을 종식시킨 핵폭탄 사용을 결정했으며, 전쟁이 끝난 뒤 유럽을 재건하기 위해 마셜플랜을 강행했다.

부시 대통령이 이라크 전쟁을 일으킨 것이나, 트루먼 대통령이 핵폭탄을 사용한 것이 옳은가 아닌가에 대해서는 여기서 논할 문제가 아니다. 단지 그들이 직감적 사고를 자유자재로 운용할 줄 알았다는 사실이 중요하다. 직감은 경험에 얽매이지 않지만, 어떤 면에서는 풍부한 경험과 이론으로 축적된 잠재의식의 반영이라 할 수 있다. 물론 이러한 직감형 사고는 정책방안이나 어떤 사물의 발전에 대한 예견에 불과하다. 때로는 흐릿하게 보이거나 대략적으로만 보이기도 하므로 한발 더 나아가 명확한 실증이 뒤따라야 한다. 대부분의 경우 직감적인 예측의 후환을 고려해 마지막에 정책 등을 집행하는 과정에서 검증하고 끊임없이 수정과 개선을 하게 마련이다.

　리더는 보통 수많은 경험과 자료를 바탕으로 새로운 사상과 인식, 이론, 견해 등을 제시한다. 다만 이 과정에서 아인슈타인의 말처럼 때론 존재하지도 않는 필연적인 '논리적 관계'를 찾기보단 '비필연적이고 직감적인 관계'를 적용하는 것이 나을 수도 있다. 어떤 상황에서는 직감이 새로운 사상과 인식, 이론, 견해를 만들기도 한다.

　한 CEO가 거리를 지나가다 백화점에서 가정용 전자제품을 대량으로 반입하는 모습을 보게 됐다. 가만 보니 자기 회사에서 생산하는 제품과 성능은 같지만, 디자인이 더 예쁘고 가격도 훨씬 저렴한 다른 회사의 제품이었다. 순간 그는 치열한 경쟁 속에서 살아남을 수 없겠다는 위기의식을 느꼈다.

　회사로 돌아온 그는 기술개발팀 팀장을 불러 시급한 대응책을 내놓으라고 주문했다. 1주일 뒤, 팀장은 기존 제품을 대체할 수 있는 두 가지 새로운 제품 콘셉트를 제시했다. 두 콘셉트는 저마다 장단점이 있어 어느 것이 나은지 판단하기 어려웠다. CEO는 자신의 직감에 따라 그 중 하나를 선택했고, 결과적으로 그의 선택은 옳았다. 이 사례에서 직감형 사고는 혁신과 결단의 원동력이 되었다.

　하지만 이것을 감이나 짧은 경험에 의지해 무조건 밀어붙이면 된다고 오해하면 안 된다. 심도 있는 조사나 연구, 믿을 만한 정보, 다양한 의견 청취, 실행 가능성 점검 등은 기본이다. 이런 과정을 거치지 않으면 현실감 없는 결정을 하게 되고, 실시하는 과정에서도 거센 저항을 받게 된다.

이는 리더의 권위에도 악영향을 미친다. 의사결정은 최대한 과학적이고 민주적인 프로세스를 거친 후, 여기에 리더의 직관과 결단이 더해져야 된다는 의미다.

세계적으로 유명한 리더십 전문가 워렌 베니스(Warren Bennis)는 "정확한 결단이 없다면 다른 모든 것은 아무 의미가 없다."라고 했다. 그런 의미에서 영감과 직감은 리더에게 꼭 필요한 조건이다. 많은 상황에서 리더들은 본능적인 방법으로 결정을 내린다. 리더는 직감적 사고를 통해 새로운 인식과 견해, 이론, 사상을 갖추고 경영활동의 진행을 위한 추진력을 얻기도 한다.

뛰어난 직감형 리더는 복잡한 사회현상의 내재적 관계를 파악할 수 있는 예리함과, 어떤 결정이 미칠 중장기적 영향과 세상의 트렌드를 예측할 수 있는 통찰을 가지고 있다.

바다는 모든 강물을 받아들인다

역사적으로 증명된 수많은 방책들은 사무실에 앉아 머리만 굴리는 리더가 아니라 대중에게서 나왔다.

미국의 기업가 로버트 웰스는 본래 직원이라곤 십여 명이 전부인 작은 구두 공장을 경영하는 사람이었다. 그는 작은 공장만으로는 많은 고객을 확보하거나 큰돈을 벌 수 없음을 잘 알고 있었다. 자본이든 규모든 같은 업계의 회사들과 경쟁하기도 버거웠다. 그런 그에게 한 가지 방법이 떠올랐다. 제품의 디자인을 혁신해 고객들의 이목을 끄는 것이었다. 새로운 디자인의 신발을 꾸준히 만들어 다른 회사보다 앞서가겠다는 전략이었지만, 작은 회사에서 어떻게 다양하고 새로운 디자인을 개발할 수 있단 말인가?

궁리 끝에 그는 직원 십여 명을 모두 모아 디자인 회의를 열었다. 우선 그는 직원들에게 새로운 디자인이 채택되거나 손을 좀 보면 쓸 만한 디자인만 내놓아도 보너스를 주겠다고 공언했다. 더불어 그는 디자인팀을 만들어 신발 제작에 숙련된 직원 5명을 팀원으로 임명했다. 또한 그들에게 원래 받는 월급 외에 다른 수당도 챙겨줬다.

그의 이런 아이디어는 신의 한 수가 되었다. 작은 신발공장 안에서는 금세 디자인 열풍이 일어났고 채 한 달이 못 되어 디자인팀은 수십여 종의 디자인 초안을 내놓았다. 로버트는 그 중 독특한 디자인 세 가지를 선택해 각각의 디자인 별로 1천 켤레를 생산해 미국 각지에서 시험판매에 나섰다.

새로운 디자인의 신발을 본 고객들은 서로 사가려고 난리였다. 공장은 2주 만에 2천여 켤레의 주문을 받았으며, 로버트는 하루 종일 여러 백화점에 계약서를 쓰러 다니느라 정신이 없었다. 덕분에 그의 공장도 규모가 점차 확장되어 삼 년 뒤에는 그 수가 십여 개로 늘어났다.

그러나 얼마 지나지 않아 위기가 닥쳤다. 공장이 늘어날수록 신발을 만드는 기술자들의 수가 부족해졌기 때문이다. 무엇보다 문제는 다른 신발공장들이 월급을 올려준다며 공장 직원들을 빼가는 것이었다. 그렇다고 직원들을 막무가내로 붙잡기도 어려웠다. 공장에 직원이 없다니 이런 어처구니없는 일이 어디 있겠는가. 그의 회사는 이미 적지 않은 주문을 받은 상태였지만, 제때 신발을 제작하고 배송할 수 없었다. 로버트는 주문한 회사들에게 손실을 배상해야만 했다.

그는 이런 위기가 걱정스러웠지만 두렵지는 않았다. 그는 열여덟 개 공장의 직원들을 모아 다시 회의를 열었다. 그는 아무리 어려운 문제도 여러 사람의 지혜만 모으면 돌파할 수 있다고 믿었다.

회의가 시작되자 직원들 사이에서는 침묵이 흘렀고 누구도 좋은 아이디어를 내놓지 못했다. 그런데 얼마 뒤 어린 직원 하나가 쭈뼛거리며 말했다. "사장님, 기술자를 더 데려올 수 없다면 기계를 쓰면 어떨까요?" 로버트가 반응을 보이기도 전에 한 직원이 비웃듯 말했다. "대체 무슨 기계로 신발을 만든다는 거야? 넌 그런 기계를 만들 수 있어?" 그러자 어린 직원은 얼굴이 홍당무가 되어 얼른 자리에 앉아버렸다.

로버트는 어린 직원 곁에 다가와 그를 일으켜 세우더니 손을 잡고 사장석으로 돌아왔다. "여러분, 이 어린 직원의 말은 옳습니다. 물론 이 직원이 당장 신발을 만드는 기계를 제작하지는 못하지만, 매우 쓸모 있는 아이디어가 아닙니까? 저는 지금 이 어린 직원에게 보너스를 주려고 합니다. 이 친구의 생각은 조금만 손을 보면 얼마든지 활용할 수 있으니까요."

그 뒤 4개월의 연구와 실험을 거친 끝에 로버트의 공장은 기계로 신발을 생산할 수 있게 됐다. 이를 통해 회사는 직원 부족문제를 해결했을 뿐만 아니라 생산량을 늘려 이윤을 큰 폭으로 향상시킬 수 있었다. 결국 로버트 웰스는 미국 비즈니스계의 빛나는 별이 됐다.

그는 다수를 믿고 그들의 지혜를 활용한 덕에 성공에 이를 수 있었다. 그는 허튼 꿈에 가까워 보이는 아이디어의 가치를 누구보다 예민하게 알아챘다. 또한 보너스로 직원들을 격려해 그들이 기꺼이 회사를 위해 일하게 만들었다.

개인의 능력이 아무리 출중해도 그의 지혜와 재능은 제한적일 수밖에 없다. 그러므로 타인의 능력과 지혜를 빌려 자신의 단점을 보완하고 다수의 지혜를 빌리는 것이 좋다. 특히 급속도로 발전하는 오늘날과 같은 세상에서 타인의 지혜와 도움은 필수적이다.

주변을 둘러보면 말로는 인재를 소중히 여긴다고 하면서도 막상 자신보다 능력이 탁월하거나 본인의 권위를 넘어설 정도면, 그를 견제하는 리더가 한둘이 아니다. 특히 자신과 의견이 다르거나 실제로 자신의 생각이 틀렸다고 드러날 경우, 자기도 모르게 질투를 한다. 이렇게 속이 좁은 리더는 큰일을 할 수 없다.

중국의 명언 가운데 '바다가 모든 강물을 받아들이는 것은 이를 포용할 만큼 크기 때문이다.'라는 말이 있다. 이처럼 다른 사람들을 포용하려면 자신보다 강한 사람도 인정할 줄 알아야 한다. 나라의 지도자나 회사의 경영인은 많은 사람을 위해 일하고, 그들의 목소리에 귀 기울이며, 그들의 아픔에 공감하고, 그들의 지혜를 수용할 줄 알아야 한다. 그래야만 사회가 변화하는 동향을 제때 파악하고 정치상 혹은 업무상의 주도권을 쥘 수 있기 때문이다. 사람들의 목소리와 뜻은 책 속에 있는 것이 아니라 바로 대중에게 있다. 실제로 대중은 언제나 역사를 발전하게 하는 원동력이었다. 역사적으로 증명된 수많은 방책들은 사무실에 앉아 머리만 굴리는 리더가 아니라 대중에게서 나왔다.

개미들은 개체가 약하기 때문에 다른 생물들과 식량을 나눠 먹고 도움을 받아야 한다는 사실을 잘 알고 있다. 그래서 개미 한 마리가 외부에서 식량을 취하거나 정탐하는 일은 드물다. 대신 개미는 타인의 힘을 빌려 그들과 협력하는 데 탁월하다.

그리스의 철학자 아르키메데스는 "내게 지렛대 하나만 있으면 지구를 들어 보이겠다."라고 말한 적이 있다. 우리에게 이 지렛대는 바로 타인의 지혜다. 개인이든 조직이든 다른 이의 능력이 당신보다 강하다고 질투하지 말고 그 힘과 지혜를 빌려 내 것으로 쓸 줄 알아야 한다.

기업의 진정한 재산은 무한한 지혜와 역량을 갖춘 직원들이다. 또한 기업가의 재능은 이 재산을 잘 발굴해 사람들이 깜짝 놀랄 만한 기적을 일궈 내는 것이다.

결단은 타이밍의 예술이다

아는 것은 많은데 담력이 없으면 일을 이룰 수 없고,
담력은 있는데 아는 것이 없으면 일을 그르치게 된다.

―

리처드 닉슨은 미국 역사상 가장 영향력이 막강했던 인물 중 하나로 손꼽힌다. 비록 '워터게이트 사건'으로 불명예스럽게 퇴진하면서 논란의 중심에 섰지만 1970년대 외교적으로 눈에 띌 만한 몇 가지 업적을 세웠다. 실제로 타임지는 1971년과 1972년 연속으로 그해를 빛낸 세계적 인물로 닉슨을 선정했다. 닉슨은 세계의 정세를 꿰뚫어보는 예리한 관찰력과 외교 전략을 바탕으로 과감한 결단을 내릴 줄 알았다.

닉슨은 1970년대에 들어서면서 세계 정치가 다극화의 방향으로 발전하고 있다는 사실을 인식했다. 미국이 세계의 맹주 자리를 지키려면 반드시 역사의 흐름에 따라 새로운 외교정책을 강구해야 했는데 이를 위해 세계 인구의 4분의 1을 차지하는 중국이 절실했기 때문이다. 물론 미국의 입장에서 중국과의 관계 개선은 위험요소가 있기도 했다. 소련의 반감과 대만의 민감한 반응, 일본의 견제 등을 고려하지 않을 수 없었던 것이다. 또한 미국 안에서도 보수파의 질책을 먼저 감당해야 했다. 그뿐만 아니라 닉슨 본인에게도 중국에 적극적으로 화해를 청하는 것이 '고통스러운 변화'였다. 그러나 닉슨은 과감한 결단을 내렸다. 1970년 2월, 그는 다음과 같은 내용의 외교보고서를 국회에 제출했다. '언제까지 중국을 국제사회에서 고립되도록 놔둘 수 없다. …… 중국과의 관계에 대한 기본원칙은 소련과 다르지 않다.' 1972년 2월, 마침내 닉슨 대통령은 중국을 방문해 변화의 초석을 다졌다.

소련과의 관계를 개선한 것도 닉슨 대통령의 특별한 업적이다. 1970년대, 미국과 소련은 국제사회에서 가장 강력한 맹주들로 치열한 암투를 벌이고 있었다. 그런데 그해 9월, 소련이 쿠바에 원자력 잠수함 기지를 건설 중이란 사실이 발각되었다. 이는 미국 영토에 직접적인 위험이 되는 사태였으므로 간과할 수 없었다. 닉슨은 소련이 기지 건설을 포기하게 만들어야 한다고 판단했지만, 상황이 시끄러워지는 것은 피하고자 했다. 그는 과거 케네디 대통령의 사례를 따르지 않았다.

1962년 소련이 쿠바에 중거리 핵미사일을 배치하려 한 사건으로 미국과 소련은 핵전쟁 발발 직전까지 갔었다. 당시 케네디 대통령은 이 문제를 UN 안전보장이사회에 붙였고, 전쟁도 불사하겠다는 위협으로 핵미사일 배치 포기라는 약속을 얻어냈다. 닉슨은 충분한 자료를 수집한 결과, 소련이 아직 핵무기를 이용할 실력이 아님을 파악했다. 기지를 은밀히 짓고 있다는 것이 바로 그 증거였다. 따라서 이 일은 떠들썩하게 공개해 국민들을 불안에 떨게 할 필요가 없었다. 사건의 진상만 명확히 하면 소련도 경거망동하지 않을 것이 분명했다. 사태는 닉슨의 예상에서 크게 벗어나지 않았다. 그는 국무장관인 헨리 키신저에게 소련대사를 만나게 한 다음, 원자력 잠수함 기지에 대해 미국이 이미 알고 있음을 슬쩍 흘렸다. 또한 기지 건설을 계속하면 미국이 가만히 있지 않겠단 의지를 확실히 밝혔다. 소련에게 물러날 기회를 준 것이다. 과연 얼마 지나지 않아 소련은 원자력 잠수함 기지 건설을 포기했다.

이외에도 닉슨 대통령의 외교적 결단은 고비 고비에서 빛을 발했다. 그는 이스라엘을 지지하면서도 1억 명의 아랍인들에게 둘러싸인 이스라엘이 과연 무사할 수 있을지 염려했다. 이스라엘의 생존을 위해서는 아랍에서 소련을 떼어내는 데 어느 정도 성공한 시점에서 아랍 세력과 모종의 협의를 이끌어내야만 했다. 이를 위해 닉슨은 1974년 6월 10일 중동 순방에 나섰다.

그는 이집트에 도착해 안와르 사다트 대통령의 환영을 받았고, 반미 정서가 강했던 시리아의 하페즈 알아사드 대통령과도 회담을 할 수 있었다. 닉슨은 자신의 회고록에 당시의 중동순방에 대해 이렇게 적어놓았다 '중동순방으로 얻은 성과 중 하나는 워터게이트 사건을 정확한 시각으로 볼 수 있게 됐다는 것이다. 그 사건으로 우리가 받은 끔찍한 공격은 세계 평화와 세계인의 행복을 위해 했던 일과 앞으로 할 일에 비하면 아무것도 아니었다.'

리더가 중요한 문제를 결정할 때는 부분적인 국면과 전체적인 판세를 모두 고려해야 한다. 또한 최종적인 목표를 생각해야 한다. 단기적 관점에서 보면 유리한 시기에 결정을 내리는 것이 중요하다. 시기를 놓치면 아무리 대단한 결정이라 해도 쓸모가 없으므로 위험요소를 감수하더라도 적기에 과감히 결단해야 한다. 닉슨 대통령 역시 때를 놓치지 않았기에 순조롭게 중국, 소련과의 관계를 해결하고 70년대 외교 무대에서 빛나는 업적을 이룰 수 있었던 것이다.

과감한 결단은 성공의 비밀이자 안목과 패기의 결정체다. 리더에겐 한 발 먼저 상황을 파악하고 민첩하게 행동하는 담력이 요구되는데 이를 바로 결단력이라고 한다. 아는 것은 많은데 담력이 없으면 일을 이룰 수 없고, 담력은 있는데 아는 것이 없으면 일을 그르치게 된다. 리더는 평소 일할 때도 대중에게 배우고 그 내용을 자기 것으로 만들 줄 알아야 한다. 그렇게 강화된 판단력과 통찰력을 통해 정확한 판단을 내릴 수 있기 때문이다.

반면 독자적인 결단은 실패의 온상이자 함정이다. 자신만이 옳다고 생각하면 권위로 시비를 가리고 전횡을 휘두르며 주관적인 판단을 하게 된다. 다수의 의견을 존중하는 민주적 결정 원칙을 해칠 뿐 아니라 스스로 위신을 떨어뜨리고 원하는 결과도 얻지 못하게 된다. 이는 때를 노려 과감히 결정하는 경우와는 전혀 다른 결과를 불러온다.

독단적 결정은 진보의 장애물이다. 좋은 리더가 되려면 독단이나 횡포를 줄이고, 자신이 한 모든 일에 대해 역사와 시간, 사람들의 검증이란 힘든 과정을 이겨내야 한다.

실수는 규칙적으로 반복된다

리더는 많은 결정을 내려야 하므로 실수할 확률 또한 높다.
해결할 방법은 자질을 높여 실수할 확률을 줄이는 것뿐이다.

흔히 지미 카터를 '실패한 대통령'이라 부른다. 그는 임기 동안 적지 않은 성과를 거뒀지만, 끊임없이 등장하는 문제에 시달려야 했다. 그때마다 정부는 무능력한 모습을 보였으며 카터 역시 잘못된 결정을 내리곤 했다.

1977년 4월, 임기 초반 카터 대통령은 에너지 문제를 해결하기 위해 새로운 계획을 제시했다. 세금정책과 가격체제, 신용대부제도의 개혁을 통해 새로운 국내 에너지 자원을 개발하려 한 것이다. 그러나 18개월의 지루한 토론을 거쳐 카터 정부가 내놓은 절충방안은 문제 해결에 전혀 도움이 되지 않았다. 주유소마다 기름을 사려는 사람들로 장사진을 이루었고 국민들은 분노했다.

카터의 임기 동안 미국의 통화팽창률은 매년 증가했다. 카터는 부드러운 호소와 단호하고 위협적인 통제를 활용해 문제를 해결하려 했지만, 전부 실패하고 말았다. 카터는 공무원들의 임금 상한액을 정하고 백악관 고위층의 급여를 동결했으며 원래 정한 감세액을 삭감함으로써 이 사태를 돌파하려 했다. 그러나 이런 노력에도 성과는 나타나지 않았다. 1976년 4.8%이던 통화팽창률은 1977년 6.8%, 1978년엔 9.6%로 치솟았다. 곧이어 미국의 달러도 평가절하 되는 심각한 국면을 맞이하게 됐다. 1979년 미국 노동부가 발표한 통화팽창률은 무려 13.3%로 제2차 세계대전 이후 최고기록이었다. 실업률은 대폭으로 상승해 국가 경제가 백척간두에 섰다.

1979년은 카터 정부에게 지옥 같은 한 해였다. 미국에 우호적이었던 이란 국왕이 물러나고 이란 이슬람 공화국이 수립되었다. 5월에는 카터가 내놓은 경제조정방안 세 가지가 모두 국회에서 부결됐다. 또한 6월에는 이란이 미국에 대한 석유공급을 중단해 전무후무한 에너지 위기가 일어났다. 11월에는 이란의 미국대사관 직원들이 테러리스트들에게 인질로 잡혔다. 미국에 망명한 팔레비 전 국왕을 이란으로 송환하라는 것이었다. 카터는 헬리콥터로 인질을 구출하는 군사행동을 감행했지만 결국 참혹한 실패로 끝나고 말았다.

1980년, 카터는 대통령 후보 경선에서 고군분투 끝에 강력한 도전자 에드워드 케네디를 이기고 민주당의 대통령 후보가 됐다. 그러나 같은 해 11월 대선에서 공화당 후보였던 로널드 레이건에게 참패를 당함으로써 카터의 시대는 막을 내렸다.

정책을 결정하는 것은 일종의 경영활동이며 리더의 수준과 경영능력,

업무실적을 드러내는 구체적인 지표이기도 하다. 결정이 정확하면 작은 노력으로도 몇 배의 효과를 거둘 수 있지만, 결정이 잘못되면 몇 배의 노력을 들이고도 아무것도 이루지 못한다.

정치가라면 나라를 바르게 다스릴 결정을 내려야 하고, 군인이라면 전쟁에서의 승리를 이끌 결정을 내려야 하고, 기업가라면 시장을 지배하고 이윤을 높일 결정을 내려야 한다. 결정을 내리는 사람은 그만큼 책임감을 가지고 있다는 뜻이기도 하다. 일시적 감정이나 편향된 정보에 기대 결정을 내려서는 곤란하다. 좋은 결정을 내리려면 관련된 모든 요인들을 분석하고, 전체를 통찰할 줄 알아야 한다. 그래야 지나친 자신감이 초래하는 위험성을 줄일 수 있다.

리더의 잘못된 결정은 경솔한 행동, 공격적 태도로 나타난다. 세밀한 관찰과 깊은 통찰이 있어야 정확한 결정을 내릴 수 있는데, 이런 세밀함이 부족하면 거칠고 미숙한 결정을 하게 되는 것이다. 카터 역시 민감한 문제에 대해 잘못된 결정만 거듭하다가 백악관을 떠났다.

살다 보면 누구나 위기상황을 겪게 마련이다. 특히 조직을 이끌어야 하는 리더는 훨씬 자주 이런 상황에 접한다. 많은 결정을 내려야 하므로 실수가 발생할 확률 또한 높다. 해결할 방법은 리더의 자질을 높여 실수할 확률을 줄이는 것뿐이다. 또한 잘못된 결정들을 살펴보면 공통적인 실수가 규칙적으로 반복된다는 사실을 발견할 수 있다. 근본적인 문제 해결이 없이는 잘못된 결과가 계속 나타날 것이라는 경고의 의미로 받아들여야 한다.

잘못된 결정은 설익은 결정이라고도 할 수 있다. 대부분 치밀하게 고려하지 않은 탓이기 때문이다. 리더라면 자신의 결정으로 야기될 부정적 문제를 깊이 고려해야 한다. 이런 신중함은 리더의 필수적 자질이다. 그러나 실제로는 자신의 결정으로 크고 작은 문제가 발생할 것을 알면서도 그 결정을 고집하는 경우가 많다.

이를테면 몇몇 정치인은 자신의 공을 세우거나 업적을 쌓을 욕심에 조건이 제대로 갖춰져 있지 않음을 알면서도 일을 강행한다. 이로 인해 해당 지역민과 지방경제가 큰 피해를 입을 수 있다. 또한 불가능한 줄 알면서도 상부의 비위를 맞추기 위해 뜻을 따르는 경우도 있다. 시간과 목표에 쫓겨 객관적인 규칙을 어기고 일을 진행하게 되기 십상이라, 결국 일이 엉망이 된다. '관료가 잘되면 그 지역도 잘 된다'는 미명 아래 특정 지역에만 특혜를 준다거나 장애물을 남에게 떠넘기면 결국 전체 국가의 질서가 무너진다. 해당 지역도 잠깐의 이익을 탐하다 결국 끝없는 우환에 시달리게 된다.

잘못된 결정이 발생하는 이유는 모두 눈앞에 보이는 '이익' 때문이다. 자신의 이익, 자신이 속한 집단이나 지역의 이익에 눈이 멀면 올바른 결정은 요원한 일이다. 리더에게 근시안적인 사리사욕은 독과 같다. 결단을 내릴 때는 더 넓게 보고 더 크게 보아야 한다.

— TOP LEADER —

3

조정

때로는 갈등도 에너지가 된다

조정을 잘 해야 조직이 잘 된다

오늘날은 모든 것이 네트워크로 연결되어 있다. 그러므로 조정은 매우 복잡하고도 창조적인 노동이다.

미국 랜드연구소(RAND)와 맥킨지 앤드 컴퍼니(McKinsey & Company) 등은 전 세계 우수기업을 연구한 끝에 다음과 같은 결과를 공개했다. '세계 500대 기업 가운데 100년 동안 건재한 기업들의 가장 큰 비결은 협력정신과 평등한 기업문화다.' 그것이 직원들을 격려하고 기업을 혁신한 힘의 원천이었던 것이다.

1만 2천여 명의 직원이 근무하는 기업 '迪特尼 包威斯'는 직원들의 의견을 듣는 커뮤니케이션 시스템이 완벽하게 갖춰져 있다. 이 회사에는 의사소통에 관한 기본원칙이 있다. '개인이든 기관이든 우리 회사의 주식을 매입하면 회사의 모든 재무자료를 살펴볼 권리를 가진다. 또한 정기적으로 이와 관련된 자료를 보고받을 수 있다. 더불어 우리 회사의 직원들 역시 회사의 재무와 경영에 관한 자료를 살펴볼 권리를 가진다.' 이 회사의 직원들이 의견을 주고받을 수 있는 커뮤니케이션 시스템은 두 부분으로 나뉜다. 하나는 매월 개최되는 직원 조정회의이고, 다른 하나는 매년 거행되는 주무부서 보고회와 직원대회다.

직원 조정회의는 회사가 막 설립됐던 이십 년 전부터 시행됐다. 회의에는 경영진과 일반직원들이 함께 참여해 서로 관심 있는 문제를 두고 토론을 벌인다. 위로는 회사의 최고위층부터 아래로는 각 부문, 각 하부조직이 모두 조정회의를 벌인 뒤 의견을 취합해 점차 상부로 반영시켰다. 이는 마치 법원의 의사결정 구조와 같다.

이는 쌍방향으로 의견을 소통하는 방식이다. 최고경영진들의 조정회의를 예로 들자면 회의 전에 직원들이 먼저 건의사항이나 불만사항을 모아 직원대표들에게 전달한다. 직원대표들은 회의에 참석해 이런 의견을 관련 부문에 전하고, 관련 부문은 이 기회를 이용해 회사의 정책과 계획을 직원대표들에게 설명한다. 이렇게 상호간에 폭넓은 토론이 진행되는 것이다.

그렇다면 직원 조정회의에서는 어떤 내용이 오가는지 예를 들어 소개해보겠다.

한 직원이 묻는다. "회사 규정에는 직원이 8년 근무한 뒤 3주의 휴가를 쓸 수 있다고 되어 있는데요, 이 규정을 5년으로 바꿔주시면 안 되겠습니까?"

회사는 이렇게 답한다. "8년 근무 조항은 회사의 오랜 관례입니다. 그리고 회사는 이미 직원의 복지를 위해 회사 단체보험, 근로자 보험에 가입하고 퇴직금, 복지계획, 생산장려계획, 의견장려계획, 휴가계획 등 다양한 복지제도를 시행하고 있습니다. 하지만 이 문제를 다시 한 번 고려해 보겠습니다."

다른 직원이 이렇게 묻는다. "회사에서 가끔은 주말 근무를 요구하는데 이는 강제 조항입니까? 만약 어떤 직원이 주말 근무를 하지 않겠다고 하면 회사는 무단결근으로 처리하는 건가요?"

회사는 다음과 같이 답한다. "주말 근무는 원칙적으로 본인이 원해야 가능합니다. 보통 회사는 아주 바쁘거나 시급한 일로 주말 근무를 요구하는데, 만약 거부하는 직원이 있다면 그 이유를 자세히 알아보고 거기에 맞춰 해결할 겁니다."

'迪特尼 包威斯'처럼 만 명이 넘는 임직원이 근무하는 회사에서 모든 직원의 의견이 충분히 반영되기란 쉽지 않다. 그래서 각 계층의 조정회의는 반드시 순차적이고 개별적으로 열려야 한다. 이를 위해 회사는 모두 구십여 개의 관련 조직을 갖췄다. 만약 하부조직의 조정회의에서 문제가 해결되지 않으면 점차 상부로 올려 만족할 만한 답이 나올 때까지 계속 논의했다.

회사에 관한 모든 정책은 수석대표 회의에서 결정됐다. 만약 최고경영진이 회의에서 결정된 안건이 실현 가능하다고 판단되면 바로 실시했고, 불가능하다고 판단되면 회사 직원 모두에게 그 이유를 설명했다. 직원들의 조정회의 개최 시간은 회의 일주일 전 게시판에 공지됐다. 직원들의 의견을 신속히 반영하기 위해 보통 하부조직의 조정회의가 먼저 열렸다.

다른 형식의 참여와 소통 수단도 마련했다. 이를테면 회사 곳곳에 건의함을 설치해 직원들이 수시로 자신의 문제나 의견을 적어 넣을 수 있게 한 것이다. 효율적인 의견을 낸 직원에겐 충분한 보너스를 지급했다. 실제로 이 회사는 건의함을 통해 쓸모 있는 제안을 많이 얻을 수 있었다.

그렇다면 '迪特尼 包威斯'는 이런 조정제도를 도입해 어떤 효과를 거뒀을까? 1980년대 전 세계가 불황에 시달릴 때도 매년 평균 10% 이상 생산률이 증가했다. 직원들의 결근율도 3%에 불과했으며 이직률도 12%로 같은 업계 최저치를 기록했다. 전통 사회에서는 어떤 일을 완수하기 위해 권력이 필수였다. 하지만 현재는 소통이 필수다. 오늘날처럼 복잡한 사회에서는 모든 것이 네트워크로 연결돼 있으므로 한 부문이나 개인만으로 어떤 일을 완성할 수 없다.

'迪特尼 包威斯'는 '커뮤니케이션 시스템'과 '직원 참여 계획'으로 경영층과 노동계급의 관계를 변화시켰고, 기업의 내적 낭비 요소를 줄였으며 강력한 단결력을 형성했다. 적절한 시스템을 도입해 의견의 조정에 성공했기 때문이다.

정치든 행정이든 경영이든 조정이 필요하다. 그리고 조정은 매우 복잡하고도 창조적인 노동이다. 소통과 조정능력은 어떤 조직이든 필수조건이다. 이런 소통의 자질이 개인의 성공을 이끌어주기도 한다. 당신의 인생에서 미처 생각지 못했던 전환점을 맞고 싶다면 소통의 기술을 익히고, 다양한 사람들의 의견을 조정하는 능력을 키워야 할 것이다.

독점의 시대는 갔다

리더는 오케스트라의 지휘자처럼 개개인의 힘을 모아 조화로운 음악을 만들어내야 한다.

미국의 제록스(Xerox)사는 복사기술을 개발한 뒤 이를 독점하려고 무려 5백여 건의 특허를 신청했다. 그런데 특허 보호기간인 십 년이 가까워지자 몇몇 회사들은 어떻게 하면 이 시장에 들어갈 수 있을지 고민하기 시작했는데, 그중 한 회사가 캐논(Canon)이었다.

캐논은 당시 제록스의 대형 복사기보다 몇 배는 작고 가격도 저렴한 복사기를 개발해 놓은 상태였다. 이 소형 복사기는 확실히 시장에서 성공할 수 있었다. 캐논이 걱정한 것은 단 하나, 거대한 독점 기업으로 성장한 제록스와 맞서 싸울 일이었다.

고민을 거듭하던 캐논은 묘안을 떠올렸다. 일본의 동종업계 기업인 샤프(Sharp), 도시바(Toshiba), 미놀타(Minolta), 리코(Ricoh) 등을 찾아가 자기 회사에서 개발한 소형 복사기의 개념을 설명하며 사업 보고서 하나를 건넸다. 보고서엔 여러 회사가 연합해 이 제품을 생산하면 시간과 비용 모두를 획기적으로 줄일 수 있다는 내용이었다.

이런 좋은 제안을 마다할 회사는 없었다. 이렇게 캐논은 십여 개 일본 회사를 끌어들여 복사기 제조회사 카르텔을 형성했다. 이들은 미국 시장 내에서 소형 복사기의 개념을 전파하며 제록스와 맞섰다. 제록스는 골리앗이었지만, 여러 회사들의 벌떼 같은 도전 앞에서는 속수무책이었다. 얼마 지나지 않아 일본 기업들이 미국 복사기 시장을 점령하기 시작했다.

경쟁 상대와 연합하는 일은 언뜻 손해처럼 보일 수 있다. 하지만 캐논은 이런 묘수를 통해 시장의 지배권을 확보했고, 자체 기술을 개발하려던 다른 회사들을 단념시켰다. 얼마 뒤 캐논은 기능이 개선된 새로운 복사기를 내놓았고, 역시 저렴한 비용에 복사기 카르텔 회사에 제공했다. 캐논이 새로운 기술을 개발하면 나머지 기업이 이를 구매하는 형식이 정착되면서, 그들은 연구개발에 참여하지 않게 되었고 캐논은 복사기 시장에서 암묵적인 1위 자리를 이어갈 수 있었다. 캐논은 단독으로 시장에 뛰어들 수도 있었지만, 기술자원을 공유해 모두가 이익을 얻을 수 있는 연합을 형성함으로써 업계의 견제나 지나친 경쟁도 피하고 '소형 복사기'에 대한 개념을 더 빠르고 더 널리 전파할 수 있었다.

오늘날은 어느 누구도 모든 자원을 독점할 수 없다. 과거의 경쟁상대와도 힘을 모아야 성공할 수 있는 시대가 된 것이다. 따라서 리더는 전통적인 '분업의 시대'에 유효하던 수직적인 관리시스템을 타파해야 한다. 수평적 협력관계의 시너지 효과가 얼마나 큰지를 이해해야 하는 것이다. '혼자 할 수 있는 일은 함께 하지 않는다.'에서 벗어나 '함께 할 수 있는 일은 혼자 하지 않는다.'의 개념으로 옮겨가야 한다. 역사를 보아도 협력의 중요성을 몰랐던 사람들은 좋은 기회를 놓쳤다는 사실을 알 수 있다.

제2차 세계대전 당시, 영국군 총사령관이었던 몽고메리 장군과 연합군 사령관이었던 미국의 아이젠하워 장군은 서로 의견이 맞지 않아 갈등을 겪었다. 몽고메리는 베를린까지 치고 들어가 히틀러의 숨통을 죄어 가능한 빨리 전쟁을 끝내야 한다고 주장했다. 반면 아이젠하워는 행여 몽고메리에게 전공을 빼앗길까봐 그 의견에 동의하지 않았을 뿐 아니라 병력까지 회수했다. 결국 연합군이 아르덴전투에서 패배하면서 몽고메리가 옳았음이 증명됐다.

몽고메리는 네덜란드부터 스위스까지 이어진 남북 전선을 밀고 나가면 독일군의 병력이 분산될 것이라 판단했다. 그러나 히틀러는 궁지에 몰린 상황에서 연합군의 전선 한 곳을 돌파하는 모험을 감행했다. 히틀러로서는 절호의 기회였던 것이다. 하지만 다행히도 앤트워프의 항구도로가 질퍽거려 독일군은 빠르게 전진할 수 없었다. 앤트워프에서 몽고메리의 연합군과 독일군 사이에 치열한 교전이 벌어졌다. 위기의 순간, 아이젠하워가 병력을 지원해 주어 몽고메리의 연합군은 공군의 우세를 바탕으로 간신히 승리했다. 8만 명의 군인을 희생시킨 끝에 얻은 승리였다.

전쟁이 끝난 뒤 몽고메리 장군은 기자회견을 열어 미국과 아이젠하워를 무시하는 오만한 태도로 말했다. "저는 일찌감치 이런 결과가 있을 줄 알았습니다." 이는 언론을 통해 과장되게 보도됐고, 미국인들은 자존심에 큰 상처를 입었다. 그 후 영국과 미국은 각각 전쟁에 임했다. 연합군 내부의 불화로 더 빨리 얻을 수 있었던 제2차 세계대전의 승리가 뒤로 미뤄진 것이다. 몽고메리와 아이젠하워는 모두 잘못을 저질렀다. 그들은 본국의 이익에만 눈이 어두워 전체적인 판세를 읽지 못하고 좋은 기회를 놓쳐버렸다.

함께 일을 도모하는 것은 리더가 갖춰야 할 기본적인 소양이다. 만약 리더에게 친화력이 부족해 조직원이나 동료들이 서로 단합하지 못하거나 속으로는 딴마음을 품고 있으면 성과를 거두기 어렵다. 또한 문제에 부딪혔을 때, 해결점을 찾기가 어려워진다.

리더에게 계획과 조직, 지휘와 조정은 너무나도 중요한 역할이다. 칼 마르크스는 이런 역할을 잘하는 지도자를 가리켜 '오케스트라의 지휘자'라고 비유했다. 오케스트라의 지휘자처럼 개개인의 힘을 모으고 조정해 조화로운 음악을 만들어낸다는 의미이다.

갈등의 긍정적 효과

유능한 리더라면 조직의 갈등과 충돌을 통제해 양 극단 사이에서 효율적인 긴장감을 유지해야 한다.

캠벨수프는 한때 미국 내에서 엄청난 성공을 거두었던 식품 회사인데, 언제부턴가 나아갈 방향을 잃고 몰락의 길을 걷게 되었다. 세계 500대 기업 중에서도 업무 효율이 가장 낮은 회사가 되어버린 것이다. 그 원인은 바로 사내 갈등과 반목이었다. 경영진들은 서로 책임을 떠넘기기 바빴고, 직원들은 사사건건 의견 충돌을 일으켰다.

2001년 캠벨수프의 최고경영자로 임명된 더글러스 코넌트(Douglas Conant)는 갈등 해결의 고수였다. 코넌트는 사내 갈등이 발생할 때마다 책임을 회피하는 대신 진지한 자세로 대처했다. 물론 그렇게 한다고 산적한 문제들이 당장 해결되는 것은 아니었다. 그는 문제의 근본적 해결을 위해 하나하나 기반을 마련했다.

그는 임기가 시작된 첫 3개월 동안 임원진과 발로 뛰며 회사의 이념과 브랜드의 가치를 만들었다. 한동안 갈등과 불화에 빠져 있던 회사에 공동의 목표가 생긴 것이다. 제품의 품질은 점차 향상됐고 생산성 또한 높아졌다. 2008년 말, 캠벨수프의 재무상황은 식품회사 가운데 10위를 기록했고 직원들의 사기는 세계 500대 기업 가운데 125위를 차지하게 됐다.

사내의 의견 충돌이 있다면, 우선 갈등을 완화시키고 사태를 억제해 더 이상 문제가 확대되거나 악화되는 것을 막아야 한다. 코넌트는 그 모든 갈등을 공동의 목표로 전환시켰고, 결국 갈등 해결을 넘어 회사의 새로운 가치를 창조했다.

이는 비단 기업만의 문제가 아니다. 국가 내부의 충돌과 갈등이 제대로 해결되지 않을 경우, 국가의 안전까지 위협할 수 있다.

미국의 초대 대통령인 조지 워싱턴은 '독립선언서'를 기초하고 국제 업무에 정통한 토머스 제퍼슨을 국무부 장관에 임명했다. 또한 법률에 능통하고 행정에 뛰어난 알렉산더 해밀턴을 재무부 장관 자리에 앉혔다. 개인의 자질만 놓고 보자면 두 사람은 대통령의 오른팔과 왼팔이 되기에 흠이 없는 인재들이었다.

다만 두 사람은 배경이 달랐다. 해밀턴은 북부 부유한 상공업 자본가계급을, 제퍼슨은 중소자본가계급과 농장주 등을 대변하고 있었던 것이다. 그로 인해 그들은 어떤 정책에 대해 상반된 의견을 제시했다. 또한 정부 권력을 분배하는 문제를 두고도 갈등을 일으켰다. 실제로 두 사람은 내각회의에서 심심찮게 언쟁을 벌였고 나중에는 언론을 통해서까지 서로를 공격하며 온 나라를 소란스럽게 만들었다.

자신의 두 측근이 충돌하는 모습을 본 워싱턴 대통령은 이를 공평하게 처리할 방법을 찾았다. 우선 그는 공정하고 초연한 태도를 유지하며 갈등을 겪는 두 사람과 적당한 거리를 뒀다. 또한 워싱턴은 중재와 절충, 타협 등의 수단을 동원해 두 사람의 틈을 메우려고 노력했다.

1793년 8월, 워싱턴 대통령은 제퍼슨에게 개인적인 편지 한 통을 보냈다. '사람을 다치게 하는 의심과 자극적인 질책을 버리고 넓은 가슴으로 참고 양보해 서로 자제하고 타협을 하는 게 어떻소? 그러지 않으면 정부의 수레바퀴는 더 이상 앞으로 나아가지 못할 것이고 우리의 적이 승리를 거둘 수도 있소.'

그는 삼일 뒤에 해밀턴에게도 편지를 썼다. '서로 양보하고 상대방의 정치적 견해를 이해해주기를 진심으로 바라오. 만약 의견이 어긋나거나 내부 분쟁이 계속된다면 우리 내각은 심각한 타격을 입어 사분오열되는 지경에 이를 수 있소. 만약 그렇게 된다면 얼마나 불행한 일이겠소?'

워싱턴 대통령은 대립하는 두 사람 사이에서 중도를 찾아냈다. 그의 절묘한 중재로 제퍼슨과 해밀턴의 충돌은 원만하게 해결될 수 있었다. 이처럼 워싱턴 대통령은 항상 내각을 하나의 통일체로 여겨 분열이 생기지 않도록 했다.

오랫동안 원한 관계에 있는 사람들이 충돌하는 원인은 가치관이나 이익이 서로 배치되기 때문이다. 그러므로 이 문제를 풀려면 가치관의 공통점이나 이익이 일치하는 부분을 찾아내야 한다. 워싱턴 대통령은 충분한 소통을 통해 제퍼슨과 해밀턴의 견해가 일치하는 부분은 협력하고, 의견이 갈리는 부분은 잠시 미뤄두게 했다. 워싱턴은 이렇게 내부의 분쟁을 해결했다. 만약 두 사람의 충돌과 갈등이 확대되었다면 전체 내각의 단결력이 저하되고 수많은 정책의 걸림돌이 되었을 것이다.

예나 지금이나 큰일을 하는 사람은 넓은 아량이 있어야 한다. 좋은 리더 역시 아랫사람의 잘못이나 무례에 쉽게 화를 내지 않으며 대승적인 입장에서 상대에게 몸을 낮출 줄 안다. 아량이 있는 리더는 감정을 앞세우는 대신 이성적으로 판단하고 일을 처리한다. 또한 아랫사람이 이를 납득할 수 있도록 최선을 다한다.

충돌과 갈등을 해결하는 최선책은 적극적이고 효과적인 소통이다. 리더는 충돌을 해결할 때 권위를 신중하게 사용해야 한다. 권위를 이용해 위기 상황을 해결하면 즉각적인 효과는 있을지언정 근본적인 문제는 봉합된 것이나 마찬가지다. 덮어둔 문제는 더 큰 위기가 되어 닥칠 수 있다. 오늘날 우리는 갈수록 빨라지며, 개성의 표현은 자유로워지고, 개인의 목소리는 점차 커지는 시대를 살고 있다. 따라서 권위의 사용은 적절한 경우로 제한되어야 한다.

어떤 조직이든 갈등과 충돌은 있기 마련이다. 갈등이 없으면 회사에 생기와 발전이 없고, 갈등이 지나치면 회사의 분위기를 망치고 생산성을 손상시킨다. 따라서 유능한 리더라면 조직의 충돌을 통제해 양 극단 사이에서 효율적인 긴장감을 유지해야 한다. 한 조직의 구성원들은 목표, 비전 같은 근본적인 문제엔 비슷한 견해를 지니고 있으므로 조직의 현재와 미래에 관해 정확한 방식으로 논쟁을 벌이면 좋은 성과를 얻을 수 있다. 갈등과 충돌을 통해 적극적인 에너지가 발생해 오히려 조직이 발전하게 되는 것이다.

갈등이 발생하는 규칙

갈등과 충돌을 성공적으로 해결하는 방법은 소통이지만 때로는 절묘한 회피, 간절한 호소일 수도 있다.

햇살이 좋은 어느 날, 석유왕 록펠러는 사무실 책상에 앉아 편지를 쓰고 있었다. 그런데 갑자기 덩치 큰 남자 하나가 사무실로 뛰어들어왔다. 그는 록펠러에게 저벅저벅 다가오더니 불같이 화를 내며 주먹으로 책상을 내리쳤다.

그뿐 아니라 차마 입에 담지 못할 욕을 십여 분 동안이나 퍼부었다. 사무실에 있던 직원들은 모두 록펠러가 무례한 그 남자를 사무실 밖으로 끌어내라고 지시할 것이라 생각했다. 그런데 록펠러는 펜을 내려놓고 온화한 얼굴로 남자를 바라봤다. 심지어 남자의 말을 마음에 새기는 것처럼 몸을 기울여 그의 말을 경청했다.

시간이 흐르자 길길이 뛰며 난동을 부리던 남자는 록펠러의 태도에 저도 모르게 화가 누그러졌다. 불청객이 조용해졌는데도, 록펠러는 여전히 한마디도 하지 않았다. 사실 그는 록펠러가 할 말을 예상하고 그에 반박할 말까지 준비하고 왔는데, 록펠러가 아무 말도 하고 있지 않으니 적잖이 당황한 것이다.

자기가 할 수 있는 방법을 다 써 봐도 별 소용이 없자 멋쩍어진 남자는 몇 걸음 왔다 갔다 하더니 천천히 사무실 문 쪽으로 걸어갔다. 결국 그는 "쾅!" 소리가 나도록 세게 문을 닫고 사라졌다. 그러자 록펠러는 마치 아무 일도 없었다는 듯이 의자를 끌어당겨 앉더니 다시 펜을 들고 편지를 쓰기 시작했다. 그 후로도 록펠러는 그 일에 대해 단 한 번도 입에 올리지 않았다.

이 이야기 속에서 록펠러를 괴롭히러 왔던 남자는 제풀에 지쳐 물러나고 말았다. 록펠러가 능력이 없거나 겁이 많아서가 아니었다. 성숙한 사람은 개인의 명예나 이익에 연연하지 않고 관대하고 고상한 성품을 드러낼 수 있다. 위의 사례에서 인내는 갈등으로 감정이 격해지는 것을 막을 수 있는 첫 번째 전략임을 알 수 있다.

한 부동산 회사는 필라델피아의 작은 마을 주민들을 모두 이주시킨 후 빌딩을 짓겠다는 계획을 갖고 있었다. 1백여 남짓의 가구들이 이주하겠다고 약속했는데, 아일랜드 노부인의 선동으로 갑자기 사람들의 마음이 돌아섰다. 대단한 노부인 하나가 회사의 계획을 엉망으로 만든 것이다.

회사는 하루라도 빨리 공사를 시작해야 했다. 법의 힘을 빌리면 몇 개월의 시간을 더 허비할 게 뻔했다. 무엇보다 회사는 억압적인 방법이나 폭력으로 사람들을 쫓아내길 원하지 않았다. 그럴 경우 수많은 적이 생길 것이 분명했기 때문이다. 그때 이 회사의 젊은 직원 포클란이 나섰다.

며칠 동안 노부인의 일상을 관찰한 포클란은 그녀가 매일 골목 어귀 집 앞에서 할 일 없이 시간을 보낸다는 사실을 알아냈다. 포클란은 밀짚모자에 낡은 셔츠를 걸치고 양쪽 소매를 걷어 올려 평범한 노동자인 것처럼 보이게 한 후, 노부인에게 다가가 이렇게 말했다. "왜 아무 일도 없이 여기 앉아 계세요?" 그는 노부인처럼 문 앞에 쭈그리고 앉아 약을 올리듯 말했다. "이런 데 앉아 무의미하게 시간만 보내다니 참 아깝네요. 부인처럼 리더십과 능력이 있는 사람이라면 이웃들을 데리고 더 좋은 곳으로 이사 갈 수 있을 텐데요."

포클란의 말은 노부인의 자존심에 불을 지폈다. 며칠 뒤 그녀는 필라델피아에서 가장 바쁜 노부인이 되어 이웃들을 일사불란하게 지휘하더니 금세 이사를 떠났다. 포클란은 노부인의 자존심을 자극하는 영리한 방법으로 그녀를 변화시켰다. 그가 한 것이라곤 몇 마디 말을 건넨 것뿐이지만 효과는 기대 이상이었다. 그는 불과 몇 분 만에 불만 가득한 말썽꾸러기를 열정적인 조력자로 탈바꿈시킨 것이다.

포클란은 노부인의 자존심을 자극하면서도 공손한 태도로 인격을 존중했고 그녀의 리더십을 높이 평가했다. 노부인은 그의 말을 통해 자신이 얼마나 중요하며 뛰어난 능력의 소유자인지를 깨달았다. 이렇게 자존심을 자극하는 것은 상대에게 호감을 얻고 기꺼이 협력을 이끌어낼 수 있는 효과적인 방법이다.

리더의 능력이나 업적을 판단하는 기준 중 하나가 갈등 해소 능력이다. 만약 갈등을 두려워해 문제를 숨기면 작은 문제를 크게 키우는 꼴이다. 리더는 갈등에 당당히 맞서되 그 방법은 신중하게 선택해야 한다. 그러려면 일단 새로운 갈등을 발견하고 예상할 줄 알아야 한다. 어떤 문제든 갈등이 발생하기 전 과정에서 이미 조짐이 보이게 마련이다. 리더는 작은 실마리만으로도 갈등이 발생하는 규칙을 파악해야 하며 문제의 본질을 꿰뚫어야 한다. 또한 아주 사소한 부분도 미리 대비할 줄 알아야 한다. 갈등을 원만하게 해결하기 위해서는 세 가지 심리상태만 극복하면 된다.

첫째, 남을 탓하거나 원망해서는 안 되며 특히 대중을 우습게 여기지 말아야 한다. 둘째, 자만심이 넘쳐 문제의 원인도 파악하지 못한 채 멋대로 판단을 내리면 안 된다. 셋째, 조급한 마음을 조심해야 한다. 어떤 갈등은 해결될 때까지 일정한 시간이 필요하기에 냉정과 이성을 유지해야 한다.

세상에 쉬운 일은 없고, 쉬운 갈등도 없다. 따라서 리더는 필요한 모든 자질을 골고루 향상시켜야 한다. 갈등 해결은 리더의 능력을 단련하기 위한 필수 관문이자 더 크게 성장시키는 좋은 도구다.

인간관계의 갈등은 필수 불가결하다. 상사와 동료, 부하직원 혹은 가족 구성원 사이에서 벌어지는 충돌을 성공적으로 해결하는 방법은 소통이지만 때로는 절묘한 회피, 간절한 호소일 수도 있다. 리더라면 그런 다양한 기술을 배우고 숙달해야 한다. 놔두면 저절로 사라질 갈등인지, 시간을 다퉈 급히 해결해야 할 갈등인지 파악한 후, 거기에 맞춰 적절한 방법을 구사해야 하는 것이다.

공통점은 크게, 차이점은 작게

"사람들 중 누구도 외딴섬일 수는 없다. 모든 사람은 대륙의 한 조각이며 대지의 한 부분이다."
존 던 John Donne

소련이 건국되자 유럽의 자본주의 국가들은 위협을 느끼게 되었다. 히틀러가 끊임없이 유럽의 평화를 위협하는데도 영국과 프랑스 등은 소련의 확장을 막으려고 독일의 침략행위에 대해 유화정책을 썼다.

한편 소련은 유럽 각국에 집단안전체제를 구축해 히틀러의 침략확장계획을 좌절시키자고 제안했다. 영국은 이 제안을 거절했을 뿐 아니라, 오히려 독일을 부추겨 소련을 공격하도록 했다. 자신들은 화를 면하겠다는 속셈이었다. 그러나 결과적으로 독일은 서유럽의 영국과 프랑스 같은 국가에 먼저 총구를 겨눴다. 유화정책은 실패로 돌아갔고 서유럽 여론은 들끓기 시작했다. 유화정책을 주장했던 정치인들은 국내외에서 날카로운 비판에 시달려야 했다. 이렇게 유럽이 위기에 빠져 있을 때, 윈스턴 처칠이 전시의 영국 내각을 다시 조직할 임무를 맡게 됐다.

처칠은 본래 공산당에 반대했으며 소련에 대해서도 적대적이었지만, 히틀러가 전쟁에서 승리하면 유럽의 자유와 민주도 더 이상 존재할 수 없으며 세계의 평화도 무너지리란 것을 잘 알고 있었다. 처칠은 다른 모든 일은 뒤로 미루고 당장 시급한 임무인 히틀러를 무너뜨리는 일에 집중하기로 했다. 1941년 6월 히틀러가 소련을 향해 진격하자 처칠은 역사적인 연설을 발표했다. 바로 새로운 동맹국인 소련을 환영하며 영국은 소련의 편에 서서 독일에 함께 대항하겠다고 선언한 것이다. 소련의 외교부장 뱌체슬라프 몰로토프 역시 처칠과 동맹 계획을 도모하며 걸출한 소통 능력을 선보였다.

몰로토프와 처칠이 깊이 있는 이야기를 나눈 뒤 헤어지려고 할 때였다. 처칠이 문 앞까지 배웅해주는데 갑자기 몰로토프가 돌아서더니 그의 팔을 가만히 붙잡고 몇 초 동안 묵묵히 그의 눈을 바라봤다. 그 순간 처칠은 말로 다할 수 없는 감동을 받았다. 본래 처칠은 몰로토프에게 손톱만큼의 호감도 없었으며 오히려 그를 '회색의 냉혹한 사람'이라 불렀다.

하지만 그 순간 처칠은 몰로토프의 소리 없는 목소리를 들을 수 있었다. "전쟁의 승패와 세계의 운명, 인류의 미래까지 모두 소련과 영국 두 나라에 달렸소. 서로 함께 사는 전략을 도모해야 전 세계의 반(反)파시즘 국가들이 일어나 승리를 거둘 수 있을 것이오."

한 나라의 지도자가 되려면 이렇게 소통과 협조의 능력을 갖춰야 한다. 그래야 내적 소모를 극복하고 분란을 잠식시키며 단결된 힘을 보여줄 수 있기 때문이다. 처칠은 누구보다 멀리 내다볼 줄 알았기에 기꺼이 소련과 연합해 독일에 대항했다. 소련의 몰로토프 역시 마찬가지였다.

소통은 서로에게 큰 이익을 가져다준다. 사실 대부분의 충돌은 자신이 원하는 것을 상대에게 전달하지 못해 발생한다. 그런 탓에 서로의 해결방법 역시 자신의 필요만 충족시키는 반쪽짜리다. 양쪽을 동시에 만족시키지 못하는 해결방법은 결국 또 다른 충돌을 낳게 된다. 따라서 서로 받아들일 수 있는 해결방법을 찾는 것이 문제 해결의 첫 단추다.

리더는 '모든 사람에게는 자신의 필요를 충족시킬 동등한 권리가 있다.'는 생각을 해야 한다. 의사와 환자, 경영진과 노동자, 공무원과 국민 모두가 동등한 권리를 갖고 있는 것이다. 이럴 경우 서로의 중요한 요구 사항이 충족될 때까지 적당한 해결방법을 찾아야 한다. 그저 단순한 패턴에 맞춰 누가 이기고 누가 지거나 누가 많이 갖고 누가 적게 갖는다는 결론을 내리면 안 된다.

어떤 리더들은 충돌을 해결하는 과정에서 자신의 속내나 감정을 드러내지 않는다. 어떻게든 충돌을 멈추고 사람들을 안정시켜야겠다는 생각만 하기 때문이다. 그러나 이럴 경우 소통에서 명확하고 솔직한 정보가 전달되지 않기에 정보를 받는 쪽에서는 성실성을 의심하게 된다. 그러면 상대는 한발 더 나아가 받아들이기 어려운 요구를 제시할 것이다.

또 어떤 리더들은 타협으로 충돌을 해결하려 한다. 그러나 이런 타협은 양측 모두 자신이 이겼다고 생각하지 않는다는 맹점이 있다. 이렇게 거래와 승낙으로 구성된 '타협'은 자주 사용할수록 양쪽 모두 '내가 더 많이 손해 보는 것은 아닐까?'를 걱정하게 된다. 그러다 보면 자꾸만 자신이 요구하는 수위를 높이게 되므로 해결하기 어려워지는 악순환을 겪게 된다.

제대로 문제를 해결하려면 이해관계가 상충되는 조직의 리더들이 먼저 서로의 공통점을 찾고 차이점은 미뤄두는 원칙을 지켜야 한다. 그 과정은 다음과 같다.

첫째, 갈등하는 양쪽이 함께 모여 목표의 공통점을 찾는다. 둘째, 양쪽의 차이점 중에서도 공통점을 발견한다. 셋째, 공통점을 찾을 때까지 차이점은 보류해둔다. 이렇게 공통점에서 시작하면 점차 갈등을 줄여나갈 수 있다. 공통점의 저변을 확대시키면서 점차 서로 다른 인식과 문제를 해결하는 방식이다.

사람들은 저마다 다른 특징을 지니고 있다. 조직의 단합을 증진시키려면 모든 구성원, 특히 책임자가 서로의 차이점을 정확하고 객관적으로 인식해야 한다. 그러려면 우선 각자의 자질 차이를 서로 존중해주어야 한다. 다른 사람의 장점을 우선적으로 보고, 그 장점을 배우도록 노력해야 한다. 특히 리더는 구성원 하나하나의 재능을 파악하고 본인의 능력을 최대한 발휘할 수 있도록 지원해주어야 한다. 또한 맡은 업무에 따라 서로 긴밀한 협력을 해야 한다. 모든 조직 구성원이 큰 틀 안에서 조화롭게 일할 수 있도록 호흡을 맞춰야 하는 것이다. 조직 구성원 사이에 인식 상의 분란이 발생하는 것은 정상적인 현상이다. 이럴 때 리더가 할 일은 '공통점은 크게, 차이점은 작게' 만들어 분란을 축소함으로써 공통된 인식을 확보하는 것이다.

영국의 시인 존 던(John Donne)은 자신의 시에서 '사람들 중 누구도 외딴 섬일 수는 없다. 모든 사람은 대륙의 한 조각이며 대지의 한 부분이다.'라고 말했다. 서로가 밀접한 관련을 맺고 있는 사회 속에서 모든 사람은 날개가 하나뿐인 천사이며 서로 의지해야만 하늘을 날 수 있다. 세상의 모든 일은 서로 관련이 되어 있어 겉으로 보기에는 전혀 상관없어 보이는 두 가지 일도 은밀한 선으로 연결되어 있다.

미국이 이라크 공격을 하면 중국의 액화가스 배달원이 가스 한 통에 25달러나 값이 올랐다며 투덜댄다. 남미에서 나비 한 마리가 날개를 펄럭이면 몇 개월 뒤 일본 해안에 엄청난 폭풍이 몰아칠 수도 있다. 세계는 이미 하나로 연결된 '도미노 시대'로 진입했다.

— TOP LEADER —

4

인재 활용

존중하고 믿어주고 칭찬하라

상사도 관리하라

부하를 관리하고 좋은 관계를 유지하는 것보다
상사와 관계를 유지하는 것이 몇 배는 더 힘들다.

어느 날 아침, 드보라는 출근하자마자 상사의 호출을 받았다. 그는 드보라에게 까다로운 업무를 잔뜩 맡기면서 앞으로 몇 주 동안 더 많은 일을 해야 할 거라고 했다. 그 말을 듣자마자 드보라는 마음이 조급해졌다. 출장 간 남편과 갑자기 병원에 입원한 아들 생각에 속이 답답해진 것이다. 어떻게 갑자기 이렇게 많은 일을 맡긴단 말인가? 게다가 혼자서 이 까다로운 일들을 어떻게 감당한단 말인가?

드보라는 생각했다. '나를 무슨 노예로 아나? 어쩌면 이렇게 동정심도 없지?' 책상 앞에 앉은 그녀는 생각할수록 화가 치밀어 올랐다. 그녀는 속상한 마음에 사무실의 친한 동료에게 컴퓨터로 메시지를 보냈다. '저 로봇 같은 인간, 인간미라고는 하나도 없다니까!' 그런데 그녀가 고개를 돌려 동료를 보니 얼굴 표정에 아무런 변화가 없었다.

그때 문득 드보라는 사무실 창가에 앉은 상사가 컴퓨터를 보며 얼굴이 붉으락푸르락해지는 것을 보았다. 이게 대체 어찌 된 일이란 말인가. 메시지는 엉뚱하게도 상사의 컴퓨터로 발신돼 있었다. 그녀는 순간 눈앞이 캄캄해졌다. '어쩐다?' 드보라는 숨을 들이쉬고 냉정을 되찾은 후, 이 문제를 어떻게 해결할지 생각했다. 그녀는 지체 없이 상사에게 메시지를 보내 따로 뵙고 싶다고 했다. 잠시 후, 두 사람은 고객 접대실에서 이야기를 나눴다.

드보라는 진심으로 사과했다. "일부러 보낸 건 아니에요. 동료에게 보낸다는 게 실수로 발송됐네요. 사실 어제 오늘 집에 안 좋은 일이 있었어요. 남편은 출장을 갔는데 아이는 병원에 입원하고 업무 스트레스는 커지고 이래저래 마음이 복잡하더라고요. 로봇이라고 했던 건 정말 죄송합니다. 지나치게 많은 업무를 빡빡한 일정에 맞춰 주시니 일을 맡는 제 기분은 생각해주지 않는 것 같았거든요. 그런데 다시 생각해보니 저희 집 사정이나 제 기분을 말씀드린 적이 없더라고요. 그러니 모르시는 게 당연하죠. 그걸 어떻게 탓할 수 있겠습니까? 제가 정말 어리석었네요."

드보라의 설명에 상사는 고개를 끄덕였다. 게다가 그녀는 미처 몰랐던 자신의 단점을 깨닫게 해줬다. 직원들과 충분히 소통하지 못한 것이다. 상사는 그 일로 드보라를 꾸짖는 대신 자신의 부족한 점을 일깨워줘 고맙다고 말하고, 심지어 앞으로 주의하겠다고 약속했다. 얼마 지나지 않아 회사에서 대외협력부 담당 직원을 선발하게 되었는데, 상사는 드보라를 추천했다. 그녀의 뛰어난 소통능력과 곤란한 일도 무난히 해결하는 장점을 높이 평가한 것이다. 결국 그녀는 자신의 능력으로 실수를 만회하고 승진도 할 수 있었다.

전통적인 경영관리 이론은 주로 리더 본인이나 부하직원들을 관리하는 방법만을 다룬다. 그러나 부하를 관리하고 좋은 관계를 유지하는 것보다 상사와 관계를 유지하는 것이 몇 배는 더 힘들다. 상사와 소통하고 그의 업무습관, 그의 기호와 취향까지 고려해야 하기 때문이다. 또한 각각 스타일이 다른 상사들에게 어울리는 소통 방식으로 대응해야 하기 때문이다.

상사와 소통할 때는 반드시 상사를 충분히 존중해야 한다. 당신이 마음으로부터 그를 존중한다는 점을 보여준다면 상사는 당신이 어떤 말을 하든 귀 기울여 줄 것이다. 반면 그렇게 하지 못하면 당신이 어떤 의견을 내놓아도 상사는 당신이 하는 말의 동기를 의심하며 제대로 수용하지 않을 것이다. 물론 그렇다고 지나치게 비굴하게 굴 필요는 없다. 그런 행동은 자칫 상사에게 무능력한 직원이란 인상을 줄 수 있기 때문이다.

부하직원은 상사의 권위를 지켜주고, 그의 성과를 지원해주어야 하다. 또한 상사가 곤란을 겪거나 갈등의 중심이 됐을 때 문제를 덜어주기 위해 최선을 다해야 한다. 상사는 자기 직권 범위 안에서 책임질 건 책임지고, 창의적으로 업무를 수행하는 부하직원을 좋아한다.

반대로 하는 일마다 자기 주관이 없이 상사의 의견만 구하는 직원도 있다. 상사의 입만 쳐다보는 직원은 업무를 처리할 능력이 없는 사람으로 취급받는다. 지시받고 보고해야 할 일은 당연히 그렇게 해야 하지만 과도하게 상사를 의존하고 기다릴 필요는 없다. 적극적이고 주도적으로 일하되, 때로는 직언을 하거나 자신의 의견을 제시할 줄도 알아야 한다. 무조건 상사의 말에 따르고 소극적으로 대응하는 것은 어리석은 짓이다. 상사와의 관계를 원만하게 유지하려면 다음의 잘못된 인식 두 가지만 피하면 된다.

첫째, 상사의 말은 무조건 따르되 좋은지 나쁜지는 자기 책임이 아니라고 생각하는 것이다. 둘째, 본인만 잘났다고 생각해 상사의 업무방식은 따르지 않거나 겉으로만 따르는 척한다.

좋은 부하직원은 상사의 의도를 잘 이해하며 뜻을 함께해야 한다. 또한 일상 업무에서 상사가 어떤 문제를 주목하고 있는지 세심하게 관찰해야 한다. 예를 들어 상사가 공적인 자리에서 말할 때 어떤 문제를 강조했으며 우선순위는 어떠했는지 등을 파악해야 한다. 마찬가지로 문서를 회답했을 때 어느 부분을 수정했고 의견을 적어뒀는지 등도 잘 살펴야 한다. 상사가 미처 신경을 쓰지 못하더라도 때를 놓치지 말고 관련된 작업을 해야 한다. 다만 지나치게 일찍 이 문제를 상사에게 직접 거론해서는 안 된다. 자칫 당신이 바라던 결과를 얻지 못할 수도 있기 때문이다. 민감한 문제에 대해서는 상사가 시키지 않는 한, 먼저 의견을 말하지 않는 것이 좋다.

상사에게 보고할 때는 충분한 준비를 한 다음 진행해야 한다. 특히 자신에게 다음과 같은 몇 가지 질문을 먼저 던져보라. '이번 보고의 목적은 무엇인가?', '보고와 관련된 상황은 모두 이해했나?', '상사는 내가 제기한 문제를 두고 토론할 준비가 되었나?', '어떤 방법을 써야 상사에게 효과적일까?', '상사는 내게 어떤 문제를 제기할까?' 이런 문제들에 대해 정확히 점검해본 다음 보고를 하면 어떤 상황이 닥쳐도 적절히 대처할 수 있다. 더불어 중요한 상황이나 정보를 알릴 때는 서면으로 된 자료를 준비하는 것이 좋다.

또한 문제를 제기할 때는 해결 방안도 동시에 내놓아야 한다. 어떻게 해결할지도 모르면서 무작정 문제를 제기하는 태도는 좋지 않다. 다급한 일이 발생하면 상사에게 가장 먼저 보고해야 한다. 마지막으로 절차를 무시한 보고나 나쁜 소식은 배제하고 좋은 소식만 전하는 보고, 공적인 이유를 핑계로 자기 이익만 챙기려는 보고, 시의적절하지 않은 보고는 절대 금물이다.

시한폭탄이 될 수 있는 동료관계

동료관계는 직접적이고 일상적이며 밀접하고 빈번하다는 특징이 있기에 어떤 문제가 있을 때 쉽게 분란이 발생할 수 있다.

1754년, 미국이 독립하기 전 조지 워싱턴이 장교로 주둔하고 있던 버지니아에서 주의원 선거가 열렸다. 후보는 두 명으로 압축됐다. 대부분의 사람은 워싱턴이 추천한 후보를 지지했지만 '윌리엄 빈'만은 결사적으로 반대했다. 이로 인해 워싱턴과 윌리엄 빈 사이에 격렬한 논쟁이 벌어졌다. 화가 치밀어 오른 워싱턴은 상대에게 모욕적인 말을 내뱉었고 분을 참지 못한 윌리엄 빈은 워싱턴을 땅에 때려눕혔다. 워싱턴의 친구들이 달려와 윌리엄 빈을 둘러쌌다. 워싱턴의 부하 역시 바로 총을 들고 달려왔다. 금방이라도 무슨 일이 일어날 것 같은 긴장감이 가득했다.

워싱턴의 명령 한마디면 윌리엄 빈은 곧장 시체가 될 수도 있었다. 그러나 워싱턴은 오히려 냉정을 되찾고 입을 열었다. "이건 자네들과 상관없는 일일세." 덕분에 이 일은 더 이상 확대되지 않았다.

다음날 윌리엄 빈에게 워싱턴이 보낸 쪽지가 전달되었다. 작은 술집에서 만나자는 내용이었다. 윌리엄 빈은 이것이 워싱턴의 결투 신청이라 생각하고 즉시 총 한 자루를 챙겨 술집으로 향했다.

술집으로 가는 동안 윌리엄 빈은 어떻게 워싱턴을 혼내줄 것인지 궁리했으나 막상 그곳에 도착하자 깜짝 놀라고 말았다. 음식이 잘 차려진 테이블 앞에서 워싱턴이 환한 얼굴로 그를 맞이했기 때문이다. "빈 씨, 사람은 누구나 잘못을 저지를 수 있지만, 그 잘못을 고치는 것은 영광스러운 일이라고 합니다. 어제 일은 제가 잘못했습니다. 당신도 절 때렸으니 어느 정도 분이 풀렸겠죠. 만약 여기서 저와 화해해줄 수 있다면 제 손을 잡아주십시오. 아마도 우린 좋은 친구가 될 수 있을 겁니다."

빈은 워싱턴의 넓은 마음에 감동해 얼른 손을 내밀었다. "워싱턴 씨, 저 역시 어제 경솔하고 무례했던 것을 사과드립니다." 그날 이후 윌리엄 빈은 워싱턴의 열렬한 지지자가 됐다.

리더의 최종 목표는 큰일을 완수하는 것이지만 이는 혼자만의 힘으로 되지 않으며 모든 구성원의 힘을 모아야 하다. 조직 안팎으로 사람들과 협력하고 원만하게 지내야 큰일을 할 수 있으며 성공의 가능성도 높일 수 있는 것이다. 요컨대 리더는 IQ가 아니라 EQ가 훨씬 중요하며 일을 잘하기보다는 바른 됨됨이를 갖추고 있어야 한다. 워싱턴은 바로 그런 공감 능력으로 윌리엄 빈과의 갈등을 해소하고 자신의 목적을 달성했다. 그의 일화는 동료와의 나쁜 관계를 어떻게 처리해야 할지에 대한 모범사례라 할 수 있다.

타인과 소통할 때는 진정성 있는 마음으로 상대를 대해야 한다. 가는 말이 고와야 오는 말이 곱다고 하지 않던가. 오직 진심으로 소통할 때 상대방도 진심과 진정으로 당신을 대할 것이다.

동료 사이는 일종의 수평적 관계로 이런 관계는 같은 계층의 리더들 사이에도 존재한다. 혹은 같은 조직 안에 다른 부문의 리더들 사이에도 성립된다. 동료관계를 어떻게 다룰 것인가는 모든 리더가 진지하게 고민해야 할 중요한 문제다. 동료관계는 직접적이고 일상적이며 밀접하고 빈번하다는 특징이 있기에 어떤 문제가 있을 때 쉽게 분란이 발생할 수 있다.

그러므로 상대와 소통할 때 자신이 더 우월하다는 생각으로 임해서는 안 된다. 사실 각자의 경력이 다를 뿐 누가 누구보다 우월한 사람은 없다. 오히려 진정으로 강한 사람은 타인의 장점을 살필 줄 알며 굳이 단점을 찾지 않는다. 모든 사람에게는 저마다의 장점이 있으며 서로 중요하게 생각하는 것이 다를 뿐이다. 그러니 당신이 대단하다거나 형편없다고 생각하지 마라. 어떤 일을 하든 남과 자신을 비교하지 말고 자신감을 갖되 항상 겸손한 마음으로 상대를 대하라. 그래야 협력을 이끌어낼 수 있다.

좋은 동료관계를 유지하려면 원칙을 지키고 다수의 의견을 중시하며 진심으로 상대를 대해야 한다. 또한 서로를 존중하며 의심하지 말아야 한다. 자발적으로 상대를 돕되 서로를 궁지로 몰아넣어선 안 된다. 어려운 일에 부딪혀 좌절을 겪게 됐을 때는 상대를 위로하고, 문제나 실수가 생기면 시비를 정확히 가리되 함께 책임을 지고 상대에게 잘못을 미뤄서는 안 된다. 분란이나 갈등이 있을 때는 허심탄회하게 대화하며 서로를 이해하고 공통점을 먼저 찾도록 노력해야 한다. 또한 무의미한 갈등을 키우지 말고 상대가 없을 때 다른 의견을 내놓으면 안 된다. 이런 조건들이 제대로 지켜질 때 동료 사이에 시너지 효과가 일어날 수 있다.

동료끼리 업무를 진행하다 보면 서로 일이 겹치는 부분도 있고 함께 처리해야 할 일도 많다. 이럴 때는 동료 사이의 권한과 직무를 명확히 하고 소통과 협조를 통해 최대한 원만하게 일을 해결해야 한다. 함께 일을 하면서 자기 마음대로 처리하려 하면 안 된다. 동료끼리 서로를 지지하는 것은 각자의 직권을 존중한다는 의미로 이렇게 서로를 지지할 때 완벽한 조화를 이룰 수 있다. 만약 리더들 간의 관계가 나빠지면 애먼 부하직원들만 난처해지고, 조직의 발전에 나쁜 영향을 줄 수 있다.

좋은 동료관계의 비결은 권력을 다투지 않고 책임을 미루지 않는 것이다. 자신의 직권이 미치는 일이 아니라면 관여하지 말고, 자기 책임이 분명한 일은 스스로 책임져야 한다. 자신의 일이 아닌데 지나친 간섭을 하거나, 자기가 하겠다고 나서면 동료관계는 엉망이 되고 만다. 좋은 일은 서로 공을 가로채려 하고, 나쁜 일은 상대의 책임으로 돌리는 행동은 동료관계를 훼손하는 부식제다.

동료를 대할 때는 겸손하고 넓은 아량을 베풀어야 하며, 상대가 자신을 뛰어넘는 것을 두려워해서는 안 된다. 또한 상대의 단점을 지적하지 말아야 하고, 자신의 장점과 상대의 단점을 비교해서도 안 된다. 동료의 장점과 경험에 대해서는 먼저 나서서 배우고 적극적으로 참고해야 한다. 동료의 단점이나 잘못으로 얻은 교훈은 경계로 삼아 업무 중에 같은 잘못을 반복하지 않도록 해야 한다. 그래야 함께 발전할 수 있다.

성공한 리더들의 비밀

관계가 소원한 부하직원이 있다면, 자신의 약점과 단점을 치료하는 좋은 약으로 삼아야 한다.

일본 다가와(田川) 산업의 정보과 과장인 가와시마(川島)는 잘못된 시장정보를 제공하는 바람에 회사에 중대한 손실을 입혔다. 이 사태를 논의하기 위해 회장이 주최하는 경영진 회의가 열렸다. 어떤 이사는 유사한 잘못이 재발하는 것을 막기 위해 정보과 과장을 즉각 교체해야 한다고 주장했다. 또 다른 이사는 가와시마 과장이 실수한 이유가 무엇인지 찾도록 도와주고 그가 진심으로 반성하도록 해야 한다고 주장했다. 이를테면 공을 세워 속죄할 기회를 주자는 것이었다. 무작정 해고를 하기에는 이전까지 그가 세운 업무실적이 대단했던 것도 사실이었다. 논쟁이 잦아들자 묵묵히 듣기만 하던 회장은 정회를 선언했다.

회장은 두 가지 생각을 모두 염두에 두고 있었다. 사람들 말처럼 가와시마 과장은 정보과에 어울리지 않는 사람이며 같은 업무를 맡지 않는 것이 나을 수도 있다. 그러나 이번 일은 어쩌면 한 번의 판단 실수였을 것이다. 어차피 정보과 일이란 것이 90%의 정보에 10%의 판단이 요구되는 업무가 아니던가. 만약 가와시마를 해고한다면 좋은 인재 하나를 잃을 수도 있다. 당장 그를 대신할 사람을 찾은 것도 아닌데 무턱대고 그를 해고했다가 회사 운영 전반에 영향을 끼칠 수도 있었다.

고민을 거듭하던 회장은 직접 가와시마를 불렀다. 서른 살이 조금 넘은 젊은 청년 가와시마는 잔뜩 기가 죽어 있었다. 회장은 이번 잘못에 대해 어떤 방식으로든 처리할 것이라고 일러주며 구체적인 방법은 말하지 않은 채 그를 돌려보냈다. 그 후 가와시마는 자신의 잘못을 만회하고자 밤낮없이 열심히 일했다. 정보과 동료들에게 최선을 다했으며, 가치 있는 정보를 여러 차례 제공해 회사 실적에 큰 도움을 줬다. 그의 정보 덕에 회사는 정확한 결정을 내릴 수 있었다.

그러던 중 회장은 수출 관련해 중국 출장을 가게 되었고, 이 출장에 가와시마가 동행했다. 그에게 이 분야의 정보를 제대로 파악할 기회를 주고 싶어서였다. 보름이란 출장 기간 동안 가와시마는 쉬지 않고 돌아다니며 중국정부의 무역 관련 정책, 투자환경, 시장의 특성, 관리체제에 대한 조사를 신속히 진행했다. 그는 이 조사를 바탕으로 중국에 직접 수출하는 대신 중국과 합작투자 방식으로 제품을 생산하는 방안을 제시했다. 현지의 저렴한 노동력과 원자재를 활용해 생산비를 줄이고, 중국은 물론 유럽과 미국, 동남아 등지에도 수출할 수 있기 때문이었다.

다가와 회장은 가와시마의 보고서 내용에 상당히 공감했다. 그는 일본으로 돌아온 뒤 정례회의에서 이사들에게 이 내용을 소개하며 중일(中日) 합작문제의 가능성에 대해 연구할 팀을 만들도록 했다. 이 자리에서 다가와 회장은 이 프로젝트를 주도한 가와시마 과장은 자신의 업무에 어울리는 인재이며 지난번의 잘못은 뜻밖의 실수였다고 말했다. 회의에 참석한 경영진 모두 그 말에 고개를 끄덕였다.

회의를 끝내고 회장은 가와시마를 불러 말했다. "자네가 세운 공을 생각하면 보너스를 주는 게 당연하지만, 먼저 저질렀던 잘못을 아직 처리하지 않았으니 이것으로 갚았다고 하세." 그 말에 가와시마는 무거운 마음의 짐을 내려놓고 더욱 열심히 일할 수 있었다. 회장의 결정은 회사의 다른 관리직 직원들도 모두 납득할 만한 것이었다.

다가와 회장은 정보과 과장 가와시마를 엄중한 실수 한 번에 내치지도 않았고, 또 큰 성공 한 번에 영웅으로 대접하지도 않았다. 대신 장기적으로 여러 차례 관찰하며 스스로 실력을 충분히 발휘할 수 있게 했다. 회장은 가와시마의 공로와 과실에 대해서도 객관적이고 공정하게 처리했다. 그가 세운 공로에 대해 회사는 분명 상을 줘야 했지만, 먼저 저지른 잘못에 대해서도 반드시 벌을 줘야 했다. 그래서 회장은 그에게 상을 주지도 벌을 내리지도 않았고, 퇴사를 시키지도 승진을 시키지도 않았던 것이다. 실패할 수 있음을 인정하고 상과 벌이 분명한 리더인 다가와 회장을 보며 모든 직원들은 진심으로 감탄했다. 덕분에 회사엔 좋은 분위기가 조성됐고 인재들은 뛰어난 능력을 충분히 발휘할 수 있었다.

리더는 일에 대해 욕심이 있는 사람이 일할 수 있는 환경을 최대한 만들어주어야 한다. 매력적인 급여와 완벽한 복지혜택도 필요하지만, 더 중요한 것은 인재가 마음껏 실력을 발휘할 수 있는 환경이다. 아랫사람이 창의적인 업무를 하도록 격려하며 과감하게 시도하고 실패도 허락되는 환경을 만들어줘야 한다는 것이다.

성공한 리더는 하나같이 감정에 좌우되지 않고 자신만의 방식으로 아랫사람들과의 관계를 유지했다. 미국의 경영학자 피터 드러커는 자신의 책 《피터 드러커의 자기경영노트(The Effective Executive)》에서 다음과 같이 지적했다.

'일류 경영체제를 구축할 줄 아는 경영자는 자신과 가장 직접적인 관련이 있는 동료나 부하직원들과는 지나치게 가깝게 지내지 않는다. 인재를 선발할 때도 능력이 있는 사람을 우선으로 할 뿐 자신의 입맛대로 선택하지 않는다. 즉, 인재를 볼 때는 그의 능력을 따질 뿐 자신의 뜻을 얼마나 잘 따르는지는 고려하지 않는다. 그렇기에 적합한 인재를 고르려면 자신과 직접적인 관련이 있는 부하직원들과는 적절한 거리를 유지해야 한다.'

그런데 부하직원들 중엔 상사와 가깝게 지내려 하지 않거나 상사와는 의견이 다른 사람도 있게 마련이며 아예 상사의 뜻에 반대하는 사람도 있다. 자신만 내세우는 상사는 종종 이런 부하직원을 용납하지 못해서 아예 배제하거나 공격하기도 한다. 그러나 이는 문제의 해결방법이 아니며 불필요한 갈등만 키울 뿐이다. 그렇다면 관계가 소원한 부하직원에게는 어떻게 하면 좋을까? 진정한 리더는 이런 직원을 자신의 약점과 단점을 치료하는 좋은 약으로 삼을 줄 안다. 평소 이런 직원을 더 존중하고 자존심을 지켜줘 성취욕을 자극하고, 그들의 속내까지 알아주는 친구가 되어 동등하게 소통하면 그들도 기꺼이 당신의 성공을 도우려 할 것이다.

어느 리더나 사회생활을 하다 보면 성격이나 출신, 특징이 다른 부하를 만나게 된다. 이럴 때 리더는 넓은 아량으로 그들의 다양한 의견에 귀를 기울여야 한다. 결코 그들을 푸대접해서는 안 되며 괜한 흠을 잡으려고 해서도 안 된다. 이는 서로의 감정과 단결, 조화로운 인간관계를 해치는 일이다. 리더라면 모름지기 자신과 의견이 다른 사람과도 함께할 수 있어야 한다.

인재가 춤출 무대를 만들어라

리더십이란 일종의 불완전한 동그라미로, 어느 부분은 아랫사람들이 그릴 수 있게 남겨놓아야 한다.

파이어스톤사(Firestone Tire & Rubber Company, 1900년 하비 파이어스톤이 미국 애크런에 설립한 타이어 회사로 1988년 일본 브리지스톤사에 매각됐다-역주)의 설립자인 하비 파이어스톤(Harvey Samuel Firestone)은 좋은 인재를 볼 줄 아는 탁월한 안목의 소유자였다. 그가 주정뱅이나 다름없었던 발명가 로트너를 발탁하는 과정은 매우 드라마틱했다.

어느 날, 술집에 앉아 있던 파이어스톤은 먼지투성이 얼굴에 바지를 스카프처럼 어깨에 두른 채 이리저리 비틀거리며 걸어오는 남자를 보게 됐다. 사람들은 그를 손가락질하며 '술주정뱅이'라고 비웃었다. 그러나 파이어스톤은 그가 발명가인 로트너라는 사실을 알고 사람들의 평판 따위는 신경 쓰지 않은 채 몇 번이나 그를 찾아가 함께 일하자고 부탁했다.

그때마다 로트너는 퇴짜를 놓았지만, 파이어스톤은 결코 마음을 바꾸지 않았다. 결국 그 정성에 감동한 로트너는 파이어스톤을 도와 함께 일하기로 마음먹었다. 두 사람은 실험을 반복한 끝에 차에서 잘 이탈되지 않고 공기량이 훨씬 많이 들어가는 타이어를 개발해냈다. 이 타이어는 얼마 뒤 포드자동차에 납품돼 대량 생산을 하게 됨으로써 파이어스톤의 사업은 크게 흥하게 되었다.

처음 설립할 때만 해도 직원 몇 명에 비좁은 공장 하나뿐이던 회사는 훗날 미국에서 손꼽는 규모의 타이어 회사로 거듭났다.

'사람의 단점만 보면 세상에 쓸 사람이 없고, 장점만 보면 세상에 포기할 사람이 없다.'라는 말이 있다. 인재를 기용할 때는 반드시 각자의 재능에 맞게 써야 하며 가진 재능 모두를 활용할 수 있어야 한다. 그러려면 누구나 인재가 될 수 있다는 인식을 바탕으로 인품과 재능을 겸비한 사람을 선발하는 원칙을 고수해야 한다. 이를테면 학력이나, 직위, 재력, 신분 등의 격식에 구애받지 말고 상대의 인품과 지식, 능력, 실적 등을 기준으로 삼아야 한다.

리더는 인재의 단점보다는 장점을 눈여겨봐야 한다. 교육을 통해 약점을 보완할 수 있게 돕는 것도 중요하지만, 그 역시 인재의 단점을 장점으로 변화시키기 위함이다. 파이어스톤은 로트너의 단점 대신 장점만을 봤다. 인재를 볼 줄 알았던 안목 덕분에 두 사람 모두 윈윈 할 수 있었다.

그와 유사한 예로 미국의 기업가 '찰스 케터링'이 있다. 그는 자신을 보좌하던 여섯 명의 인재 가운데 가장 머리가 나쁜 앨버트를 후계자로 선택했다. 그는 가장 뛰어난 인재는 아니었지만, 항상 창의적인 아이디어를 내놓을 줄 알았다. 그는 혁신과 도전의 가치를 아는 사람이었다. 이런 이유로 다른 다섯 명의 경쟁자를 물리치고 케터링의 낙점을 받을 수 있었던 것이다.

케터링은 다음과 같이 말했다. "우리 회사는 스스로 잘났다고 믿는 똑똑한 사람을 환영하지 않는다. 똑똑한 사람은 흔히 스스로 잘 안다고 착각해 자신만의 높은 틀 안에 갇히고 만다. 그 때문에 예전의 경험에서 벗어나지도 유연하게 생각하지도 못하며 앞으로 나아가지도 못한다."

상대의 장단점을 잘 파악하지 못하면 인재를 제대로 활용할 수 없다. 하지만 개인의 장점이나 단점, 강점이나 약점이 꼭 고정불변의 것은 아니다. 강점은 더 확대될 수 있으며 약점은 보완될 수 있다. 그런 의미에서 장점을 발휘하는 것이야말로 약점을 극복하는 중요한 방법이라 할 수 있다. 그런데 장점과 단점은 상생의 관계인지라 장점이 돋보이는 사람은 약점도 그만큼 또렷하게 보인다. 굉장히 영리한 사람이 때로는 유난히 어리석게 보이는 것은 이 때문이다.

그러므로 재능이 뛰어나고 대담한 판단을 내릴 줄 아는데 어떤 이유로 사람들의 질시와 공격을 받는 인재가 있다면 리더는 사람들의 말을 듣는 대신 그에게 힘을 보태줘야 한다. 케터링 역시 앨버트의 남다른 장점을 높이 평가하고 다른 사람들의 의견을 듣는 대신 그에게 후계자 자리를 물려준 것이다.

세상에는 완벽한 사람도 없고, 잘못을 저지르지 않는 사람도 없기에 리더에게는 상대의 흠도 기꺼이 품어줄 수 있는 넓은 가슴이 있어야 한다. 제 아무리 잘난 인재도 크고 작은 약점이 있으며 실수를 하게 마련이다. 그럴 때 리더가 귀에 거슬리는 말이나 자신과 다른 목소리를 들으려 하지 않으면 결국 진실을 말하던 사람도 입을 다물고, 정확한 견해가 있는 사람도 문제를 회피하게 된다.

그러므로 리더는 반드시 인재를 존중하고 사람과 그가 맡은 일을 구별할 줄 알아야 한다. 아랫사람이 한 일의 결과가 나쁘다 해도 단번에 책임을 묻는 것은 지나친 행동이다. 대신 일이 그렇게 된 원인을 분석해 잘한 일과 잘못한 일을 판단해야 한다. 그래야만 인재가 제 능력을 발휘할 수 있는 토양이 조성된다.

더불어 경영도 소통과 협조가 필요한 일이기에 다양한 사람들의 협조가 필요하다. 리더는 모든 직원들의 다양한 지혜를 모아 충분한 성과가 나오게 해야 한다.

리더십이란 일종의 불완전한 동그라미로, 어느 부분은 아랫사람들이 그릴 수 있게 남겨놓아야 한다. 아무리 똑똑해도 모든 일을 혼자 할 수는 없는 법이다. 이를테면 리더는 조타수이자 지도교수와 같은 존재로, 무대를 만들어 인재들이 그 위에서 마음껏 재능을 펼치게 해야 한다. 물론 인재를 발굴하는 것 못지않게 그 인재를 활용할 줄도 알아야 한다. 또한 각 방면의 뛰어난 인재를 제때 발굴해 합리적으로 활용하고, 이런 인재가 계속 배출될 수 있는 시스템을 갖춰야 할 것이다.

칭찬의 믿기 어려운 효과

누군가를 변화시키고 싶다면 그 사람의 뛰어난 점을 그에게 알려주는 것이 좋다. 공개적으로 그의 재능을 칭찬해주는 것도 효과적이다.

마케팅 전문가로 회사에 들어간 안나에게 처음 맡겨진 임무는 신제품에 대한 시장예측이었다. 그러나 예측 결과가 나왔을 때 그녀는 머리가 멍해지고 말았다.

"전 중대한 실수를 하고 말았어요. 이대로라면 작업을 완전히 다시 해야 했죠. 더 당황스러운 건 바로 얼마 뒤에 회의가 있다는 사실이었어요. 회의에서 예측 결과를 보고해야 하는데 그전에 미리 사장님과 이 사실에 대해 논의할 시간도 없었죠. 제가 발표할 시간이 되었을 때 전 정말 사시나무 떨 듯이 떨고 있었어요. 저는 울지 않으려고 어떻게든 정신을 붙잡고 있었죠. 그 자리에서 울어버린다면 여자는 역시 감성적이라 마케팅 업무에 어울리지 않는다고 할 게 뻔했으니까요. 전 간신히 시장예측에 실수가 있어서 다음 회의 때 발표하겠다고 짧게 말하고 자리에 앉았어요. 사장님이 분명 저를 호되게 질책하실 거라 생각하고 있었어요. 하지만 사장님은 뜻밖에도 제게 고맙다고 하시더니 새로운 계획을 진행하다 보면 흔히 실수할 수 있다고 하셨어요. 그러고는 다음 회의에서는 더 좋은 결과를 볼 수 있으리라 믿는다고 하셨죠. 회의가 끝나고 저는 잠시 머리가 복잡했지만 이내 결심했답니다. 다시는 사장님을 실망시켜 드리지 않겠다고요."

만약 그때 사장이 안나를 질책했다면 이보다 더 좋은 결과를 얻을 수 있었을까? 리더는 큰 그림 안에서 모든 구성원이 같은 목표를 향해 나아가도록 해야 한다. 만약 누군가 실수나 혹은 그보다 더 큰 잘못을 저질렀을 때 그를 비판한다고 해서 결과가 바뀌는 것이 아니다. 물론 때로는 그런 부하를 직접 해고할 수도 있지만 그러고 나면 어차피 또 새로운 부하를 물색해야 한다. 여기에 드는 비용은 둘째로 치더라도 새로 온 부하가 리더의 마음에 꼭 들리란 보장도 없다. 반면 부하에게 목표를 부여하고 충분히 신뢰하고 있음을 보여준다면 부하는 회사를 위해 최선을 다하게 될 것이다.

한 회사의 임원인 마틴은 어느 날 자신의 사무실에서 손님을 맞았다. 대화를 나누던 손님이 불쑥 사무실 집기가 깨끗하지 않다는 사실을 지적했다. 그 말에 마틴이 주위를 둘러보니 여기저기 먼지가 쌓인 것이 보였다. 손님이 떠나고 마틴은 곧바로 사무실을 청소하는 직원에게 편지를 썼다.

'친애하는 브리지트, 요즘 얼굴을 보기 어려운 것 같군요. 제 방을 청소해주는 것에 대해 잠시라도 시간을 내어 감사를 전하고 싶었답니다. 언제나 최선을 다해 청소를 해줘서 고마워요. 이왕 말한 김에 한 가지 부탁할 게 있어서요. 일주일에 제 사무실만 두 시간 청소하기가 힘들다는 건 알아요. 하지만 브리지트가 괜찮다면 편한 시간에 삼십 분 정도만 더 들러줄 수 있을까요? 평소 하던 것처럼 집기만 깨끗이 청소해주면 돼요. 물론 그만큼의 급여는 따로 드릴 생각입니다.' – 마틴

 다음 날, 사무실에 들어선 마틴은 자신의 책상이며 의자 등 모든 집기가 반짝반짝 윤이 나도록 깨끗하게 청소된 것을 발견했다. 노력한다는 마틴의 칭찬 한마디가 청소하는 여직원을 더 분발하게 한 것이다.

 뉴욕의 한 초등학교 여교사인 홉킨스는 4학년 반의 담임이 된 첫날, 학생 명단을 보다 미간을 찌푸렸다. 그녀의 반에 전교에서 소문난 말썽꾸러기 톰이 배정됐기 때문이다. 그녀는 새 학기의 설렘과 즐거움보다 걱정이 앞섰다. 실제로 톰의 3학년 담임을 맡았던 선생님이 톰에 대한 불만을 얘기하는 것을 들은 적이 있었다.
 톰은 단순히 장난만 많은 아이가 아니라 다른 친구들과 싸움도 잦고 여학생들을 심하게 놀리기도 했다. 또 선생님에게도 버릇없이 굴어 반의 질서를 엉망으로 만들었다. 그런 톰에게 한 가지 장점이 있었는데 바로 학교 수업내용을 금방 습득한다는 것이었다. 홉킨스 선생은 톰을 위해 새로운 시도를 해보기로 마음먹었다. 그녀는 수업 첫 시간 학생들에게 다음과 같이 말했다.
 "루스, 넌 참 옷을 예쁘게 입는구나.", "알리시아, 넌 그렇게 그림을 잘

그린다면서?" 그리고 드디어 톰의 차례가 됐을 때 홉킨스 선생이 말했다. "난 네가 타고난 리더란 걸 잘 알고 있단다. 올해는 네가 선생님을 도와 우리 반을 최고의 반으로 만들어주렴." 그녀는 학기가 시작되고 톰이 하는 행동은 무엇이든 칭찬해줬으며, 톰이 하는 행동을 보면 얼마나 좋은 학생인지 알 수 있다고도 했다. 선생님의 칭찬에 자극 받은 어린 톰은 선생님을 실망시키지 않기 위해 최선을 다했고, 실제로 그런 아이가 됐다.

아무리 나쁜 사람이라 해도 다른 사람의 칭찬이나 찬사에는 마음이 기울어지기 마련이다. 또한 일단 명성을 얻으면 대부분 그것을 잃고 싶어 하지 않는다. 그러므로 다른 사람을 변화시키고 싶다면 그의 가장 큰 장점을 알려줘 그 자신이 명성을 지키려고 노력하게 해야 한다. 리더의 역할 중 하나는 아랫사람이 좋은 방향으로 변화할 수 있도록 돕는 것이다. 아무 대책도 없이 비판하는 것은 상대의 자존심을 상하게 할 뿐 전혀 얻을 것이 없다. 오히려 아랫사람의 좋은 점을 추켜세워주는 것이야말로 그를 변하게 할 수 있는 가장 좋은 비법이라 할 수 있다.

인디애나주 한 가게의 매니저인 헨리는 일을 엉망진창으로 하는 직원 때문에 골머리를 앓고 있었다. 하지만 헨리는 그를 바로 야단치거나 해고하는 대신 사무실로 따로 불러 조용히 이야기했다. "자넨 참 좋은 직원이야. 업무 경험도 벌써 몇 년이나 됐고 손님들도 자네 서비스에 만족한다네. 그런데 요즘 자네가 일 하나를 마무리하는 데에 걸리는 시간이 전보다 좀 길어진 것 같아. 일하는 솜씨도 예전만 못하고 말이야. 그동안 쭉 잘

해왔는데 어찌 된 일이지? 난 자네가 전처럼 잘해주면 좋을 것 같아. 물론 그렇게 할 수 있을 거라고 믿네."

그 뒤로 직원은 전보다 훨씬 열심히 일하게 됐다. 당신이 존중하는 만큼 상대는 따라오게 되어 있다. 당신이 진심으로 존중해주었을 때 특히 더 그렇다. 이처럼 누군가를 변화시키고 싶다면 그 사람의 뛰어난 점을 그에게 알려주는 것이 좋다. 공개적으로 그에게 그런 재능이 있다고 칭찬해주는 것도 효과적이다.

명성을 안겨주면 그도 반드시 그 목표를 이루려고 노력할 것이다. 사람은 누구나 다른 사람들의 기대에 부응하고 싶어 하기 때문이다. 사람들에겐 잠재된 능력이 있어, 다른 사람이 자신에게 어떤 능력이 있다고 믿어주면 그렇게 되려고 노력하고, 끝내 그 능력을 획득하게 된다.

— TOP LEADER —

5

향상

좋은 것도 더 좋아질 수 있다

위기감이 위기를 막는다

위기의식은 문제의 발생을 예견하고 대비하려는 일종의 책임감이자 사명감이다.

인디라 간디(Indira Gandhi)는 인도의 초대 총리였던 자와할랄 네루의 딸로 아버지가 세상을 떠난 뒤 인도 국민회의파의 수장이 되어 정계에 뛰어들었다. 그녀는 비록 여성 정치인이었지만 권력을 다루는 데 능통해 의외의 방법으로 정적들을 무릎꿇게 할 줄 알았다.

1969년, 인디라 간디는 바라하기리 벤카타 기리(Varahagiri Venkata Giri)의 대통령 당선을 위해 투쟁하면서 보수파와의 싸움에 맞섰고 이를 통해 당 안팎의 지지를 얻었다. 그러나 그녀는 결코 눈앞의 승리에 현혹되지 않았다. 그녀는 여전히 당 내부에 여러 가지 문제가 존재한다는 것을 잘 알고 있었다. 특히 당 내부의 분열로 총리였던 그녀는 525명의 의원으로 구성된 의회에서 250명의 지지밖에 얻지 못했다. 그럼에도 그녀는 하원의 다른 당과 동맹을 맺어 다수의 표를 얻으려 하지 않았다.

의회의 규칙에 따르면 인디라 간디는 사의를 표명해야 했지만, 그녀는 계속 집권할 수 있었다. 대통령 선거에서 그녀가 공산당과 몇몇 사회당, 지역 정당 의회대표들의 암묵적 지지를 받고 있음이 증명됐기 때문이다. 그녀는 비록 난감한 상황에 빠지긴 했지만 1972년 대선까지는 어떻게든 밀어붙일 수 있었다.

난관에 봉착한 인디라 간디는 자신이 손놓고 있으면 1969년에 얻었던 대중들의 지지가 큰 폭으로 떨어지리란 것을 알았다. 그렇게 되면 그녀의 정치적 생명도 끝이 날 것이 분명했다. 하지만 어떻게 해야 과거 대중에게 얻었던 지지를 의회에서 강한 실력으로 전환시킬 수 있을까? 더불어 어떻게 해야 1972년의 대선에서 다시 총리를 맡을 수 있을까? 이를 해결하기 위해 인디라 간디는 대선을 일 년 앞당길 계획을 세웠다.

결심을 굳힌 인디라 간디는 실행을 위한 준비에 들어갔다. 우선 그녀는 측근들을 설득해 그들의 신임을 강화하려 했다. 당시 그녀를 지지했던 세력들은 1969년 대선에서 국민회의파가 심혈의 노력을 기울인 덕에 간신히 다수표를 얻었다는 관점이 지배적이었다. 그들은 당이 분열되고 있는 현재 상황에서 국민회의파가 연임을 노린다는 것 자체가 말이 안 된다고 생각했다.

인디라 간디는 이런 생각을 가진 사람들에게 자신이 신디케이트파를 포기했기에 대중에게 국민회의파의 이미지가 새롭게 각인될 수 있었다고 주장했다. 또한 대선을 앞당길 경우, 당이 겪을 위험요소는 크지 않으며 오히려 의회에서 다시 최대 의석을 차지하는 정당이 될 수 있다고 강조했다. 만약 그렇게만 된다면 집권당은 골치 아프게 들러붙는 공산당과 다른 몇몇 야당과의 관계를 정리할 수 있을 테니 달리 잃을 게 없었다. 그녀의 설득력 있는 호소에 지지자들의 마음이 움직였고 함께 뜻을 모아 대선 준비에 들어갔다.

그런데 인디라 간디는 이 일을 줄곧 비밀에 부쳤다. 대선이 앞당겨 치러질 수도 있다는 기사가 여러 차례 났지만, 그녀는 한결같이 부인했다. 그녀의 정적들은 이런 그녀를 두고 담력이 부족하다고 조롱했다. 그녀의 정부가 임기 내내 다른 반대파들과의 타협을 통해 살아남았기에 대선을 앞당길 수 없으리라고 생각한 것이다.

그런데 불가능할 것처럼 보이던 일이 일어났다. 1970년 연말, 인디라 간디는 아무도 예상하지 못한 시기에 기습적으로 대선을 치렀으며 선거 결과는 매우 만족스러웠다. 인디라 간디가 이끄는 국민회의파가 525석 가운데 350석을 차지하며 놀랄 만한 승리를 거둔 것이다. 덕분에 인디라 간디는 의지하던 동맹자들에게서 벗어나 진정한 승리를 누릴 수 있었다.

인디라 간디는 안정적인 상황에서도 위험을 대비할 줄 아는 현명한 리더였다. 그녀는 누구보다 정확하게 대중의 심리와 당 내부의 관계를 꿰뚫어봤으며 누구도 생각지 못한 전략을 내놓아 적들을 꼼짝못하게 만들었다. 또한 이미 얻은 지지를 충분히 활용해 총리 연임의 숙원을 이뤄냈다. 만약 그녀가 이런 전략을 세우지 않고 1972년의 대선을 무작정 기다렸다면 그녀의 집권은 쉽지 않았을 것이다.

위기의식은 문제의 발생을 예견하고 대비하려는 일종의 책임감이자 사명감이다. 원래 인생은 호사다마요, 새옹지마라고 하지 않는가? 사물의 발전에는 상반되는 면이 존재하게 마련이다. 안전과 위기, 행복과 불행, 질서와 혼란, 안정과 변화, 삶과 죽음이 동전의 양면처럼 함께 존재하며 하나는 다른 하나로 전환될 수 있다. 그런 면에서 적절한 위기감이야말로 위기를 피할 수 있는 최선의 방법이다.

리더는 모든 상황을 고려해 위험에 대비해야 한다. 좋은 리더는 탁월한 기상과 진취적인 태도, 풍부한 열정뿐만 아니라 안정적인 상황에서도 위험을 대비할 줄 아는 차가운 머리를 가져야 한다. 신중한 사람은 절대 패배하지 않는다. 무슨 일이든 염려할 줄 알아야 오히려 근심이 없어지는 법이다.

미리 위험을 대비하는 정신이야말로 한 나라를 편안히 다스릴 수 있는 중요한 조건이기도 하다. 근심과 노고는 나라를 흥하게 하지만 안일함은 자신뿐 아니라 나라도 망하게 한다.

새로운 시대에 들어서면서 우리는 예전에는 겪어보지 못했던 험한 도전과 시험에 직면했다. 오늘날의 리더는 책임감과 위기의식을 항상 인식하고 있어야 한다. 작은 구멍이 큰 둑을 무너뜨릴 수 있다는 경계심으로 자신의 행동을 반성하고 매일의 시험을 견뎌내야 할 것이다.

어지러운 시대에 위험을 대비하는 것은 당연한 일이지만, 평화로운 시대에 위험을 걱정하기란 쉬운 일이 아니다. 그러나 사람이 앞날을 걱정하지 않으면 반드시 가까운 때에 우환이 생기는 법이다. 위기감이 없으면 현재의 상태에만 머물거나 퇴폐적 향락에 빠져 앞으로 나아갈 의지를 잃게 된다. 반면 명확한 위기의식은 강렬한 사회적 책임감과 사명감에 불을 지필 수 있다. 한발 앞서 위기를 염려하는 사람은 사회적인 문제를 예측하고 직시하려 한다. 다시 말해 위기의식은 사람을 분발하고 진취적으로 만드는 에너지이자 사회의 진보를 촉진하는 강력한 역량이라 할 수 있다.

우리의 일상에서도 자신이 맡은 업무에 위기의식을 적용해야 한다. 그래야만 꾸준히 업무의 원칙과 통일성, 예측성과 창의성을 강화할 수 있기 때문이다.

두 가지 무기, 용기와 아이디어

중국 속담에 '충동은 마귀다.'라는 말이 있다. 위기 상태에서의 충동적 행동은 불안한 상황을 더욱 악화시키는 결과를 낳는다.

명장 이순신은 사후에 영의정으로 추서된 조선의 영웅이다. 성격이 강직하고 청렴했던 그는 평생 나라와 백성을 걱정하며 정의를 추구하고 거듭된 역경에도 후회나 원망을 하지 않았다. 이순신은 마흔일곱에 전라도 수군절도사 자리에 오른 뒤 적극적으로 수군을 훈련시키고 방어진지를 구축했다. 또한 철갑선인 거북선을 만들어 일본군의 침입에 대비했다.

16세기 말, 일본이 군사를 이끌고 조선을 침략했지만, 일본의 이간책에 현혹된 선조는 이순신을 자리에서 물러나게 했다. 1597년 7월, 조선의 수군은 일본군의 공격에 큰 타격을 입어 거의 전멸하고 말았다. 상황이 심상치 않음을 깨달은 선조는 다시 이순신에게 수군을 맡겨 일본에 맞서도록 했다. 그러나 일본군에게 대패한 조선 수군에 남은 것은 열두 척의 전함뿐이었다. 이렇게 형편없는 수군의 힘으로 6백여 척의 전함과 수만 명의 수

병으로 무장한 일본군을 공격한다는 것은 달걀로 바위를 치는 것이나 마찬가지였다.

이순신 장군은 누구도 생각하지 못한 절묘한 방법만이 그가 승리할 수 있는 유일한 전략임을 알고 있었다. 그는 조선군이 작전을 펼치기 유리한 수역으로 일본군을 유인하는 작전을 짜고 이를 실행하기 위해 수군의 본진을 전라도의 우수영으로 옮기도록 명령했다. 우수영 앞에는 좁고 긴 명량해협과 지리적 요충지였던 진도 벽파정(碧波亭)이 있었다. 벽파정 앞을 감부도(甘釜島)가 막고 있어 항구 안에 수십 척의 전함을 숨길 수도 있었다. 명량해협은 길이가 2킬로미터에 이르고 폭이 가장 넓은 곳이 450미터, 가장 좁은 곳이 300미터에 불과했다.

게다가 매일 밀물과 썰물이 네 차례나 교차해 밀물이 들어올 때는 바닷물이 동쪽에서 서쪽의 해협으로 흘렀고, 썰물일 때는 바닷물이 서쪽에서 동쪽으로 빠르게 흘렀다. 이순신 장군은 이 일대의 험한 지형을 이용해 일본군을 유인한 뒤 섬멸시키기로 마음먹었다. 또한 일본군의 후퇴를 막기 위해 썰물 때를 이용해 병사들에게 명량해협과 넓은 바다가 만나는 지점에 말뚝을 박고 철사를 꼬아 만든 줄을 몰래 설치하도록 했다.

같은 해 9월, 드디어 320척의 전함과 2만여 명의 수군을 거느린 일본군은 밀물과 함께 명량해협으로 돌진해 들어왔다. 이순신 장군은 이 엄청난 적군을 보고도 냉정함을 잃지 않았다. 그는 백성들의 어선을 전함 뒤에 배치해 수가 많은 것처럼 보이게 했다. 그리고 해협 양쪽에 군사들을 배치해 뭍으로 올라오는 적군을 소탕하도록 했다.

모든 준비를 마친 이순신 장군은 열두 척의 전함을 이끌고 일본군을 해협의 가장 위험한 곳인 명량 앞바다로 유인해냈다. 일본군이 만조(滿潮)를 타고 기세등등하게 공격해 들어오자 조선군 전함은 기다렸다는 듯 그 주위를 둘러쌌다. 조선의 병사들은 죽기를 각오하고 싸운 끝에 일본군의 지휘함을 비롯해 세 척의 배를 침몰시켰다. 그뿐만 아니라 일본의 지휘관 구루시마 미치후사의 목을 베어 일본군 진지를 일대 혼란에 빠뜨렸다.

바로 이때 조류가 바뀌어 썰물이 되었다. 당황한 일본군은 명량해협을 벗어나려고 했지만, 이순신 장군이 미리 설치해둔 말뚝과 철쇄에 막혀 전함들이 옴짝달싹 못하게 됐다. 이 기회를 놓치지 않고 조선군은 맹렬히 공격을 퍼부어 삼십여 척의 배를 침몰시키고 4천여 명의 적군을 몰살해 큰 승리를 거뒀다.

이처럼 위급한 상황을 만났을 때는 냉정을 잃지 않고 침착함을 유지해야 한다. 만약 이순신장군이 수적으로 열세인 상황에서 용맹함만 내세워 막무가내로 공격을 감행했다면 그 결과는 뻔했을 것이고, 역사는 다르게 기록되었을 것이다.

중국 속담에 '충동은 마귀다.'라는 말이 있다. 위급한 순간에 사람은 자신의 심리상태를 평온하게 다스리기 어려워 충동적인 행동을 하기 쉽다. 그러나 이런 충동은 안 그래도 불안한 상황을 더욱 악화시키는 결과를 낳는다. 뚜렷한 대책 없이 강하게 밀어붙이면 승리한다 해도 상처뿐인 승리일 것이다. 자신도 큰 피해를 입을 수밖에 없다.

리더라면 반드시 자신의 사고 방향을 명확히 해야 하며 계책을 꾸미는

데 능숙해야 한다. 리더는 한 지역이나 부문의 핵심적 역할인 '대뇌'라 할 수 있다. 대뇌가 잘 돌아가야 사고 방향이 명확하며 정책 결정이 제대로 된다.

뛰어난 책략과 해결방법을 갖춘 리더는 갈등과 문제에 맞서 실질적이면서도 충분한 조사를 통해 형세를 분석하고 사물의 발전 과정에서 나타날 새로운 상황이나 문제까지 예측해낸다. 때로는 사물이 발전할 추세나 결과를 본인이 원하는 방향으로 유도하기도 한다. 이렇게 훌륭한 리더는 옳고 그름의 문제에 대해 냉정하면서도 원칙적이고 일관된 입장으로 대응할 줄 안다. 또한 돈이나 이성의 유혹 등에 흔들리지 않으며 의견이 분분할 때 이리저리 휘둘리는 대신 자신만의 주관과 신념으로 사람들을 이끈다.

리더가 큰일을 하려면 반드시 용기와 지략을 함께 갖춰야 한다. 용기가 있어야 서두르지 않고 냉정하게 일을 처리할 수 있으며, 지략이 있어야 실수하지 않고 차근차근 일을 풀어나갈 수 있기 때문이다. 어떤 리더는 좋은 아이디어가 있음에도 용기가 없어 문제나 갈등에 부딪혔을 때 제풀에 나가떨어지고 만다.

용기는 개인의 업무능력을 판단할 수 있는 아이디어와 유기적으로 연결되어 있다. 지략은 있지만, 용기가 없으면 큰일을 이룰 수 없고, 용기가 있지만, 지략이 없으면 아무 일도 할 수 없다. 제아무리 대단한 아이디어가 있어도 맞서 싸우려 하지 않으면 쓸모없는 신기루에 불과하다. 이는 일상적인 업무에서도 마찬가지다. 용기도 없고 아이디어도 부족한 리더는 업무를 원활하게 진전시키지 못한다.

그런데 몇몇 리더들은 잘못된 가치관 때문에 꼼수를 부리기도 한다. '모난 돌이 정 맞는다.'라는 속담처럼 딱히 공을 세울 욕심도 없이 그저 무사하기만을 바라는 것이다. 그들은 그럭저럭 세월을 보내며 적당히 자리만 지키려는 마음을 품고 있다. 이런 리더들은 중요하고 어려운 일을 만났을 때 쉽게 위축된다. 그 결과 작은 일을 큰일로 만들고 만다.

또 어떤 리더들은 용기도 있고 아이디어도 풍부하지만, 개인의 목적을 이루기 위해 온갖 수단을 쓰며 불법을 일삼기도 한다. 무사안일만을 바라는 리더나 자신의 이익만 생각하는 리더는 조직과 구성원들에게 여러 가지 면에서 큰 피해를 입힌다. 반면 좋은 리더는 업무의 원칙을 지키고 고난을 두려워하지 않으며 갈등에 당당히 직면할 줄 안다. 또한 업무를 통해 얻은 성공의 경험과 실패의 교훈을 진지하게 분석하고 어떤 난관에도 굴하지 않고 새로운 발전을 향해 나아간다.

행동해야 할 때를 놓치지 마라

기회를 잡느냐 잡지 못하느냐에 따라 역사에 이름을 남길 수도, 후대의 조롱거리가 될 수도 있다.

엘바섬에 유배당했던 나폴레옹은 극적으로 탈출해 프랑스로 돌아왔다. 곧이어 그는 다시 황제의 자리에 올랐고 프랑스 군인들은 그에게 투항했다. 이에 영국과 프로이센, 오스트리아, 러시아 네 나라로 조직된 군대는 나폴레옹을 막으려 했다. 우선 웰링턴이 이끄는 영국군이 프랑스를 향해 진군하기 시작했고, 블뤼허가 이끄는 프로이센 부대도 웰링턴을 지원하기 위해 프랑스로 떠났다. 이어 오스트리아와 러시아가 조직한 군대 역시 프랑스로 진격했다.

나폴레옹은 자신이 사면초가에 빠졌다는 사실을 깨달았지만 그렇다고 가만히 앉아 모든 군대가 파리로 모여들기만을 기다리고 있을 순 없었다. 이 상황을 해결하려면 프로이센과 영국, 오스트리아가 연합해 동맹군을 이루기 전에 각개격파를 해야 했다. 그는 현재 사기가 하늘을 찌를 듯한 자신의 군대를 이용해 가능한 빨리 적을 섬멸하기로 마음먹었다.

나폴레옹은 서둘러 자신의 유일한 대군을 이끌고 벨기에로 진격했다. 곧이어 프로이센군과의 교전이 벌어졌고 손쉽게 그들을 이겼다. 그러나 프로이센군이 완전히 소탕된 것은 아니었다. 나머지 병사들이 브뤼셀로 퇴각한 것이다. 당시 나폴레옹은 웰링턴 부대를 치기 위한 2차 공격의 준비를 마쳤지만, 아직 섬멸하지 못한 블뤼허의 프로이센군이 신경 쓰였다. 그들이 언제든 웰링턴의 부대에 합류할 수 있었기 때문이다. 이를 막기 위해 나폴레옹은 군대 일부를 나눠 프로이센군을 쫓도록 명령했다.

나폴레옹은 이 추격의 임무를 에마뉴엘 그루시 원수에게 줬다. 그루시는 나폴레옹 휘하 군대의 3분의 1에 이르는 프랑스군을 이끌고 프로이센 부대를 쫓기 시작했다. 그런데 하룻밤을 쫓아갔는데도 프로이센군의 그림자도 발견할 수 없었다. 다음날 아침, 그루시 원수는 어느 농가에서 아침을 먹다가 발밑에서 미세한 진동을 느꼈다.

병사들은 이렇게 무겁게 울리는 소리는 분명 포화소리뿐이란 결론을 내렸다. 소리는 그들이 있는 곳에서 고작 세 시간 거리에서 들려왔다. 군관들은 이 소리가 워털루 방향에서 들려오는 포성이며 나폴레옹의 대군이 웰링턴의 군대와 결전을 시작한 것이라 여겼다.

그루시 원수가 장수들의 의견을 묻자 부관인 제라르가 말했다. "한시라도 빨리 포화소리가 들리는 방향으로 달려가야 합니다!" 다른 군관도 제라르의 의견에 동의했다. "시간이 없습니다. 빨리 움직여야 합니다." 군인들은 모두 나폴레옹 황제가 이미 영국군을 향한 공격을 시작했으며 전투가 한창일 것이라 생각했다. 그러나 명령에 복종하는 데만 익숙했던 그루시는 마음을 정하지 못했다. 나폴레옹이 그에게 내린 명령은 퇴각하는 프로이센군을 쫓으라는 것이었기 때문이다. 그러자 제라르가 단호하게 외쳤다. "빨리 포성이 나는 쪽으로 전진해야 합니다!" 이에 발끈한 그루시는 황제가 명령을 거두기 전에는 추격을 멈출 수 없다고 선언했다. 제라르는 자기 부대와 약간의 기병만이라도 전장으로 돌아가게 해달라고 간청했지만 그루시는 손사래를 치며 말했다. "얼마 되지도 않는 병력을 다시 나눈다는 것은 말도 안 되네. 내 임무는 프로이센군을 쫓는 것뿐일세." 이렇게 그는 황제의 명령에 어긋나는 행동을 거절했다.

한편 그때 여러 차례 공격을 주고받은 나폴레옹과 웰링턴은 둘 다 곤경에 빠져 지원군이 오기만을 기다리는 신세였다. 두 사람 모두 누구의 지원군이 먼저 도착하느냐에 따라 전쟁의 승패가 갈릴 거라는 사실을 잘 알고 있었다. 자신들의 지원군이 근처에 있음을 똑똑히 알고 있었던 두 사람은 초조하게 그들이 나타나기만을 기다렸다. 그러나 끝까지 명령을 지켰던 그루시는 나폴레옹에게 가지도 프로이센군을 찾지도 못했다.

반면 프로이센군은 웰링턴을 돕기 위해 먼저 도착했고 결국 나폴레옹은 패배하고 말았다. 워털루에서 패한 나폴레옹은 모든 것을 잃었다. 그루시가 망설인 탓에 나폴레옹의 군대는 전멸되었을 뿐 아니라 역사에 이름을 길이 남길 수 있었던 그루시도 후대의 조롱거리가 되었다. 기회는 한 번 놓치면 돌아오지 않는다. 그루시가 망설이던 잠깐의 순간, 그와 나폴레옹은 물론이고 세계의 운명이 결정된 것이다.

리더라면 때를 놓치지 않고 과감히 결단할 줄 알아야 한다. 시기를 놓치고 나면 후회해도 아무 소용이 없다.

기적을 일으키는 쉼 없는 노력

평생 배움과 진보를 포기하지 않는 사람이 가끔 기적이라는 사건의 주인공이 된다.

표트르 대제는 많은 사람이 손꼽는 러시아의 가장 뛰어난 차르, 즉 황제였다. 그는 재위 기간에 다양한 정책을 제정해 나라의 진보와 발전에 큰 영향을 끼쳤으며 세상이 깜짝 놀랄 만큼 러시아를 변화시키기도 했다. 표트르 대제가 이렇듯 엄청난 성취를 이룰 수 있었던 것은 본인의 타고난 능력 외에도 자신의 자질을 향상시키려고 끊임없이 노력한 덕분이었다. 그는 다양한 공부와 수양을 통해 러시아의 발전에 도움이 되는 정책 결정을 할 수 있게 됐다.

당시 러시아는 낙후된 농노제 국가에 불과했다. 러시아 사회는 무지하고 어리석었으며 국민들의 생활 역시 형편없었다. 게다가 기초학문의 발전은 더디기만 했다. 젊은 시절 표트르 대제는 이런 나라를 위해 선진국가로 떠나 그곳의 정책과 지혜를 배워오기로 마음먹었다. 심지어 그는 자신의 이름마저 바꾸고 긴 유럽 여행을 떠났다.

자신의 신분을 감추고 지금까지 접하지 못했던 문물을 자신의 눈으로 직접 확인하기 위해서였다. 그는 한때 네덜란드 동인도회사의 선장으로 일했고, 영국 조선소에서도 근무했다. 뿐만 아니라 영국 의회가 거행하는 회의에 참석하기도 했다. 다양한 경험을 한 표트르 대제는 러시아로 돌아와 서방 선진국들의 생산방식을 이용해 러시아 전체에 대규모 개혁을 실시했다.

표트르 대제의 개혁정책은 자신의 능력을 향상시키기 위해 노력한 결과물이다. 현재의 리더들에게도 이런 관점은 똑같이 적용된다.

헨리 포드에게는 누구나 살 수 있는 저렴하고 실용적인 차를 만들겠다는 목표가 있었다. 현실에 안주하기를 거부했던 그는 끊임없이 혁신을 추구했다. 포드 자동차의 V8 엔진 자동차가 바로 그런 노력의 산물이었다. 당시 그는 하나의 엔진에 실린더 여덟 개를 장착한 차를 구상했는데, 그의 말을 들은 엔지니어들은 하나같이 말도 안 된다는 반응이었다. 그들은 포드가 자동차에 대해 잘 알지 못해 그런 아이디어를 낸 것이라고 말했다.

그러나 포드의 생각은 달랐다. 그는 이 일이 당장 가능해 보이지 않을 수 있지만, 어떻게든 방법이 있으리라 믿었다. 포드 자동차는 당시에도 이미 뛰어난 성능의 차를 생산하고 있었지만, 포드는 거기에 안주할 사람이 아니었다. 그는 자신의 구상을 현실화시키기 위해 엔지니어들을 독려했다. 엔지니어들은 모든 방법을 시도해봤지만 6개월이 지나도록 포드가 원하는 엔진을 만들 수 없었다.

그렇게 포드의 야심 찬 구상은 실패한 것처럼 보였지만 그는 꿋꿋이 엔지니어들에게 말했다. "우리 다시 한 번 해봅시다. 나는 우리가 이 자동차를 만들 수 있다고 믿습니다." 그들은 다시 시험과 연구에 매진했고 시간이 흘러 고집스러운 경영자 포드에게 행운이 찾아왔다. 하나의 엔진에 실린더 여덟 개를 장착하는 데 성공한 것이다. 처음엔 불가능한 일이라 생각했던 엔지니어들도 그 결과에 흥분을 감추지 못했다.

어떤 사람들은 현실에 익숙해지면 더 변화하거나 발전하는 데에 소홀해진다. 그러나 사람의 생명은 유한하고 지식의 경계는 무한하지 않던가. 평생 배움과 진보를 포기하지 않는 사람이 가끔 기적이라는 사건의 주인공이 된다.

세상에 불가능은 없으며 스스로 원하고 바꾸려 노력하면 분명히 현실을 향상시킬 수 있다. 리더라면 더욱 더 현실에 안주해서는 안 된다. 당장의 명예와 성공에 도취되어서는 새로운 성과를 얻을 수 없기 때문이다.

사소한 것부터 고쳐 나가라

성공도 실패도 본래 아주 하찮은 부분에서 시작된다.

H. P. 하웰은 미국 재계의 거물이자 미국 상업신탁은행 이사회 회장으로 언제나 완벽을 추구했다. 어린 시절 집안 형편이 어려웠던 하웰은 정규교육조차 제대로 받지 못했다. 그럼에도 그는 각고의 노력을 쏟아 부은 끝에 시골 동네 상점의 점원에서 US스틸의 채권담당 임원과 미국 상업신탁은행 회장에 발탁됐다. 그야말로 미국 경제계를 대표하는 입지전적인 인물이다.

하웰은 자신이 성공할 수 있었던 이유에 대해 스스로에 대한 엄격함을 첫 번째 비결로 꼽았다. 실제로 한 모임에서 하웰은 자신의 친구에게 다음과 같은 말을 했었다.

"나는 수십 년 동안 노트를 써왔네. 매일의 약속들을 빠짐없이 노트에다

썼지. 그래서 가족들도 주말 저녁에 함께 시간을 보내지 못한다고 원망하지 않는다네. 내가 주말 저녁이면 자신을 점검하며 일주일 동안 얼마나 일을 잘해왔는지 평가한다는 걸 알고 있거든. 저녁을 먹고 나면 공책을 펼쳐 일주일 동안 있었던 면담, 토론, 회의 과정을 꼼꼼히 확인하지. 그럴 때마다 나 자신에게 묻는다네. '내가 그때 어떤 잘못을 했는가?', '제대로 한 일은 무엇이고 일을 좀 더 잘하려면 어떻게 해야 할까?', '나는 이번 경험으로 어떤 교훈을 얻었나?' 이렇게 일주일을 점검하다 보면 기분이 나쁠 때도 있고, 내가 이런 경솔한 일을 했나 의아할 때도 있지. 하지만 이렇게 하는 게 내게 큰 도움이 된다네."

세계적인 갑부이자 마이크로소프트사의 회장이었던 빌 게이츠 역시 자신의 실수나 스스로 저질렀던 어리석은 일을 기록하는 습관이 있었다. 그의 개인적인 노트 내용은 죄다 그런 바보 같은 실수에 관한 것들이었다. 빌 게이츠는 가끔 비서에게 이런 실수들을 받아 적게 했는데 차마 말하기 창피한 일은 직접 적었다. 그는 시간 날 때마다 그 기록을 소리 내어 자신에게 들려줬다. 마치 거울에 비추듯 자신의 실상을 확인하기 위해서였다.

빌 게이츠는 이런 말을 했다. "우리는 자신의 가장 엄격한 비평가가 돼야 한다. 만약 스스로 못 보는 곳이 있다면 다른 이들의 고마운 비판을 기꺼이 환영해야 한다." 이처럼 자기 단점을 가려내고 자신을 냉철히 비판할 줄 알았기에 빌 게이츠는 그토록 오랫동안 세계적인 갑부의 자리를 지켜낼 수 있었던 것이다. 또한 마이크로소프트사도 이런 리더 덕분에 줄곧 세계 500대 기업 중 상위권을 차지할 수 있었다.

완벽을 추구하는 사람은 존중받을 만한 가치가 있다. 하웰과 빌 게이츠의 성공사례에서 알 수 있듯이 용감하게 자신의 단점을 직시하고 모든 노력을 기울여 개선하려는 사람은 어떤 일을 하든 성공할 수 있다.

중국 속담에 '이기는 자는 강하고, 스스로를 이기는 자는 더 강하다.'란 말이 있다. 리더는 자신의 약점에 눈감지 말고 끊임없는 노력으로 진보해야 한다. 성공학 전문가 데일 카네기는 말했다. "내 서류함에는 개인적인 파일이 하나 있는데 거기에는 내가 저질렀던 나쁜 일들이 모두 적혀 있다. 한 때 나는 곤란하고 원망스러운 일을 모두 남의 탓으로 돌린 적이 있다. 그러나 나이가 들수록 탓해야 하는 사람은 정작 나 자신이란 사실을 깨달았다."

프랑스의 영웅 나폴레옹은 워털루 전쟁에 패배한 뒤 세인트헬레나 섬에 유배당했다. 그는 그곳에 갇혀 지나온 자신의 역사를 돌아보다 결국 뼈아프게 후회하며 말했다. "나의 실패는 오로지 나의 책임이며 누굴 탓할 수 없다. 나의 가장 큰 적은 사실 나 자신이었다. 결국 나 자신이 내 비참한 운명을 만든 원인 가운데 하나였다." 줄곧 오만한 황제였던 나폴레옹은 자신의 잘못 때문에 결국 바다 건너 먼 곳에서 죽음을 맞을 수밖에 없었다.

벤저민 프랭클린은 나폴레옹과 달리 매일 밤마다 자신의 단점과 잘못이 무엇인지 찾고 반성했다. 그런 과정을 통해 그는 자신의 큰 잘못 열세 가지를 발견했다. 그중 세 가지가 바로 '허투루 시간 보내기, 작은 일에 고민하기, 다른 사람과 자주 다투기'였다. 현명한 프랭클린은 이 단점들을 고치지 못하면 큰일을 할 수 없다는 사실을 알고 있었다. 그는 매주 고쳐야 할 단점 하나씩을 정해놓고 매일 그 단점을 극복했는지 아닌지를 기록했다. 그리고 그 다음 주에는 또 다른 나쁜 습관을 고치려고 노력했다. 프랭클린은 무려 이 년의 시간 동안 단점을 고치기 위해 노력했다.

그 결과 프랭클린은 훗날 조지 워싱턴만큼 완벽하고 존경받는 인물이 되었으며, 자신을 깊이 있게 분석한 그의 자서전은 세계에서 가장 많이 팔리는 책 중 하나가 되었다.

경영의 신 마쓰시타 고노스케는 "리더에게는 반드시 사람을 끄는 매력이 있어야 한다. '저 사람을 위해서는 충성을 다해도 좋다.' 부하가 리더를 보며 자연스럽게 이런 생각을 하게 된다면 많은 인재가 그를 위해 기꺼이 목숨을 바치려 할 것이다. 그러나 일단 이런 매력을 잃으면 결코 좋은 리더가 될 수 없다."라고 했다. 마쓰시타 고노스케가 말하는 리더가 되고 싶다면 끊임없이 자신을 단련하고 잘못을 발견해 옳은 방향으로 개선해야 한다. 자신의 잘못에 대해 너그러우면 좋은 리더가 될 수 없기 때문이다

자신의 사소한 잘못을 고치기란 생각처럼 쉽지 않다. 사실 한 사람의 가치란 정형화된 숫자나 깊이로 가늠할 수 없다. 대신 성공한 사람들을 살펴보면 공통적인 특징이 있는데 바로 작은 일을 잘 처리하고 사소한 부분을 놓치지 않는다는 것이다. 남들이 보기엔 매우 시시해 보이는 일이 성공하는 사람의 눈에는 커다란 가치로 인식되는 것이다. 신념은 자신이 옳다고 믿는 관점과 원칙, 이론에 따라 행동하는 개인적 경향이다. 그런 의미에서 성공하고 싶은 사람은 반드시 적극적이고 진취적인 신념을 지녀야 한다.

— TOP LEADER —

6

처세

욕심을 비우면 그것이 행복이다

멈출 줄 아는 것도 용기다

"만족할 줄 모르는 것보다 더 큰 화는 없고, 욕심내어 얻으려 하는 것보다 더 큰 재앙은 없다."
노자 老子

1780년대 초, 미국의 독립전쟁이 승리로 마무리되어 가고 있을 때 미국 신대륙에서는 군주제를 세우자는 요구가 일어났다. 그리고 군주에 어울리는 인물로는 대군을 통제할 수 있으며 독립전쟁의 일등공신인 조지 워싱턴이 손꼽혔다.

처음으로 이런 건의를 한 것은 워싱턴의 수하에 있던 루이스 니콜라 대령이었다. 1782년 5월, 그는 워싱턴에게 편지를 써 새로운 정치 체제의 수뇌가 되어 달라고 부탁하며 국왕 폐하라는 새로운 칭호를 썼다. 사실 당시에는 루이스 니콜라 대령 외에도 그렇게 생각하는 사람들이 많았다. 그러나 조지 워싱턴은 이에 대해 전혀 동의하지 않았다.

그는 편지를 받은 뒤 루이스 니콜라에게 다음과 같은 답장을 보냈다. '루이스 대령, 난 도무지 어떻게 자네의 편지에 답해야 할지 모르겠네. 자네의 편지에 담긴 내용은 우리나라에 매우 큰 해를 끼칠 걸세. 나는 아직 자신에 대해 잘 알고 있으니 자네 계획에 반대하지 않을 수 없군. 이 세상에 나보다 더 자네 계획을 반대하는 사람은 없을 걸세. …… 만약 자네가 우리의 나라와 후손들을 중시한다면, 아니 나를 존중한다면 이런 생각은 머리에서 지워주게. 또한 더 이상 이런 종류의 생각을 다른 사람들에게 퍼프리지 말길 바라네.' 이렇게 워싱턴은 단호한 태도로 국왕의 자리를 거절했다. 그의 이런 태도 덕분에 미국에서 군주제가 아닌 민주제 국가가 탄생할 수 있었다.

1783년 9월 3일, 영국은 정식으로 미국의 독립을 승인했고 워싱턴은 자발적으로 군 통수권을 내놓았다. 두 달 뒤, 워싱턴은 자신과 함께 오랫동안 독립전쟁에 참여했던 병사들에게 고별 연설을 했다. 그는 자신이 곧 이곳을 떠나 평범한 국민으로 살게 되리란 바람을 공개적으로 알렸다. 얼마 뒤 그는 정말로 모든 공직을 내려놓고 서둘러 자신의 고향으로 돌아갔다.

정부는 워싱턴의 공헌과 희생에 합당한 보상을 해줘야 한다고 생각했다. 워싱턴은 어떤 보상도 받지 않겠다는 뜻을 명확히 했지만, 버지니아주의 의회가 그에게 보상을 진행했다. 워싱턴은 이마저 거절하면 국가의 선의를 무시하는 것처럼 보일까 우려해 보상을 받았다. 그러나 한 푼도 남기지 않고 모두 자선단체에 기부했다.

1786년, 워싱턴이 고향으로 돌아온 지 삼 년이 됐을 무렵, 신생국인 미국은 정치적 위기에 빠졌다. 결국 워싱턴은 국민들의 부름을 받고 제헌회의에 참여했다. 이는 미국이 민주사회로 발걸음을 내딛은 매우 뜻 깊은 사건이었다. 1789년 2월 4일, 조지 워싱턴은 미국의 제1대 대통령으로 선출됐으며, 1793년엔 재선에 성공했다. 재선 후, 그는 다시는 대통령직을 수행하지 않을 것이라 공언했다. 그리고 자신의 말대로 제2대 대통령 임기를 마치고 보통 사람으로 돌아갔다.

한 대륙의 군 총사령관이었을 때도 한 나라의 대통령이었을 때도 조지 워싱턴은 권력에 연연하지 않았다. 그가 이룬 수많은 업적은 그의 인품과 도덕성에서 비롯된 것임이 분명하다. 권력에 연연하지 않았던 그의 태도 덕분에 미국의 대통령 임기는 재선으로 제한되는 선례가 만들어졌다.

1946년, 윌리엄 페일리(William Samuel Paley)는 마흔다섯 살의 젊은 나이에 미국 CBS 방송국을 창업했다. 그 후 이십여 년의 노력을 기울인 끝에 CBS는 연간 10억 달러의 수익을 올리는 거대 언론이 되었다.

1966년 페일리는 65세의 나이가 됐지만 은퇴할 마음이 없었다. 회사가 퇴임을 압박하는데다 그의 뒤를 이을 완벽한 후계자가 있었지만 페일리는 자리를 내려놓지 않았다. 그는 자신의 잠재적 후계자로 지목된 노장 존 슈나이더(John A. Schneider)와 80년대 새로운 방송통신의 신기원을 준비하고 있던 기술 책임자 존 벡(John Beck)을 해고하기까지 했다. 결국 그는 여든 살 생일이 지나서야 사람들의 압박에 못 이겨 하는 수 없이 은퇴했다.

윌리엄 페일리는 전형적인 권력 집착형 리더였다. 그가 우리에게 주는 교훈은 권력에 연연하여 포기하지 못하면 결국 자신을 포함해 모두에게 상처를 입힌다는 것이다. 권력에 미련을 두는 것 역시 일종의 권력 남용이라 할 수 있다. 어떤 리더들은 권력을 잃어버리면 자신의 기득권마저 잃게 된다고 믿는다. 이런 리더들은 자유로운 시장 시스템의 추진력을 떨어뜨린다.

　리더는 양보해야 얻을 수 있다는 '양보'의 철학을 알아야 한다. 권력을 두고 다투는지 양보하는지를 보면 그 리더의 소양뿐 아니라 갈등의 해결 방식을 알 수 있다. 리더라면 권력이 탐할 때 얻을 수 있는 것이 아니라 양보할 때 얻을 수 있는 것임을 알아야 한다.
　자신이 가진 것에 만족할 줄 알아야 진정한 즐거움을 누릴 수 있다. 욕망에 사로잡힌 사람은 종종 고통의 늪에 깊이 빠져 헤어 나오지 못한다. 노자(老子)는 "만족할 줄 모르는 것보다 더 큰 화는 없고, 욕심내어 얻으려 하는 것보다 더 큰 재앙은 없다."라고 했다. 이렇듯 탐욕을 자제하며 분에 넘치는 욕심을 피할 때 좋은 리더가 될 수 있다.

공(功)은 남에게, 과(過)는 자신에게

잘못을 스스로 책임질 줄 아는 리더에겐 보다 열심히 일하고 대담하게 창의성을 발휘하는 아랫사람이 있다.

링컨은 대통령 재임 시, 아랫사람이 업무에서 뛰어난 성과를 보이면 칭찬과 격려를 아끼지 않았고 문제를 일으키면 자신이 책임졌다. 남북전쟁 중에 겪은 몇 차례 패배에 대해서도 모두 자신의 책임이라며 남을 탓하지 않았다. 부하들은 그의 이런 모습에 큰 격려를 받아 더 과감하고 창의적인 모험을 시도할 수 있었다. 설사 실수를 저지른다 해도 책임을 따지지 않을 것이기 때문이었다.

불런 전투가 패배로 끝나자 조지 맥클레런 장군에 대한 원성이 하늘을 찔렀다. 그가 전장의 지휘관인 존 포프에게 제대로 된 지원을 하지 않았기 때문이다. 이를 두고 사람들은 맥클레런 장군이 존 포프가 패배하기를 바랐다고 수군댔다. 몇몇 각료들은 항의 서신을 작성해 맥클레런이 전투에서 보인 행동에 책임을 물어 직위를 박탈해야 한다고 요구했다. 그러나 링컨은 오히려 맥클레런을 워싱턴 지역부대의 지휘관으로 임명하며 말했다. "이건 내 명령입니다. 모든 건 제가 책임지겠습니다." 링컨은 한 번의 실패로 맥클레런이 모든 책임을 져서는 안 된다고 생각했다. 그래서 내각의 사퇴 요구에도 모험을 감수하고 맥클레런을 중용한 것이다.

또 이런 일도 있었다. 게티즈버그 전투가 끝나고 패배한 남군의 토마스 리 장군이 남은 병사들과 포토맥 강을 건너 도망가려 했다. 그러나 폭우가 내려 강물이 많이 불어난 터라 그들은 강을 건널 수 없었다. 링컨은 이번이야말로 리 장군과 남군 부대를 섬멸하고 전쟁을 끝낼 절호의 기회라고 생각해서 최전방에 있는 조지 미드 장군에게 작전회의 없이 즉시 공격하라는 명령을 내렸다.

그런데 어찌 된 일인지 미드 장군은 링컨의 말을 따르지 않고 작전회의를 열었다. 그뿐 아니라 그는 공격 명령을 내리지 않고, 공격할 수 없다는 전보를 보내왔다. 그 사이 강물의 수심이 낮아져 리 장군은 병사들을 이끌고 무사히 도망칠 수 있었다.

이 소식을 들은 링컨은 크게 분노하여 아들 로버트에게 외쳤다. "맙소사, 이게 대체 어떻게 된 일이지? 적들이 우리 손아귀에 있었는데 말이야. 그 상황에서는 어떤 장군이라도 리 장군을 물리칠 수 있었을 거야. 만약 내가 그곳에 직접 갔더라면 내 손으로 전쟁을 끝낼 수 있었을 텐데." 그러나 링컨은 그 일이 있고 나서도 미드 장군을 계속 중용했다. 그뿐 아니라 측근을 통해 미드 장군에게 편지를 보내기도 했다. '지금이라도 백중세인 전장에서 미드 장군이 리 장군을 공격한다면…… 게다가 장군과 병사들이 힘과 용기를 내어 공격한다면 전투에 승리해 명예롭게 고향으로 돌아올 수 있을 것이오. 만약 실패한다 해도 모든 책임은 나에게 있소.'

링컨은 율리시스 S. 그랜트 장군이 빅스버그를 공격해서 승리했을 때에도 이런 편지를 썼다. '장군이 나를 위해 세운 그 말로 다 할 수 없는 공헌에 감사하는 바요. 사실 그랜트 장군이 처음 빅스버그를 공격한다고 했을 때 난 전혀 자신이 없었소. 다만 장군이 어떻게 해야 이 원정에서 승리할 수 있는지 나보다 잘 알기를 바랄 뿐이었소. …… 지금 이렇게 인정하건대 장군이 옳았소.' 실제로 그랜트 장군 외에도 링컨에게 이런 편지를 받아본 사람은 한둘이 아니다.

윌리엄 T. 셔먼 장군도 링컨의 편지를 받았다. '사바나 시(市)를 점령해 내게 크리스마스 선물을 안겨준 것을 너무나 고맙게 생각하고 있소. 사실 장군이 대서양 전선으로 떠날 때 걱정이 많았소. …… 지금 전투는 성공적으로 끝났소. 모든 명예는 오로지 장군의 몫이요. 우리가 한 일이라곤 전쟁터로 떠나는 장군을 바라본 것뿐이지 않소. 누구도 장군처럼 큰일을 하지 못할 거요. 전투가 끝난 다음에 어떻게 할 것인지는 그랜트 장군과 셔먼 장군이 알아서 결정해주길 바라오. 나보다 장군들이 결정하는 편이 훨씬 나을 것이오.'

링컨은 죽을 때까지 모든 승리의 공을 부하들에게 돌렸다. 그는 뒤편에 서서 꼭 필요한 지시와 명령만 내렸다. 만약 부하의 방법이 옳으면 과감하게 실행하라고 격려했다. 또한 부하가 정상적인 궤도에서 벗어나면 그 부분에 대해 시정하거나 포기하도록 권했다. 그렇지만 반드시 필요한 경우엔 자신의 권력을 이용해 잘못된 일을 거부했다. 어떤 일이든 그의 목표는 부하들이 "이 일은 우리가 완수했어!"라고 말할 수 있게 하는 것이었다.

명예는 부하에게 돌리고 책임은 자신이 지는 것은 리더십의 중요한 규칙이다. 이런 리더 아래서 아랫사람들은 마음의 부담을 덜고 열심히 일할 수 있으며 보다 대담하게 창의성을 발휘한다. 물론 무조건 아랫사람에게 양보하고 무엇을 하든 내버려두어야 한다는 뜻은 아니다. 어디까지나 분명한 원칙과 규율이 지켜진다는 전제 아래, 부하의 노력을 존중해주고 그들이 일할 수 있도록 격려하라는 것이다. 무조건 내버려두고 양보하면 부하들은 더 이상 발전하지 못하고 도태될 것이다.

함부로 남을 미워하지 마라

"사람의 마음은 무력이 아닌 사랑과 관용, 아량으로 정복할 수 있다."
스피노자 Baruch de Spinoza

에이브러햄 링컨이 그토록 큰 성공을 거둘 수 있었던 이유 중 하나는 큰 그림을 볼 줄 아는 식견과 누구보다 넓은 가슴을 가졌기 때문이다. 대통령 경선 전날 밤, 한 하원의원이 링컨에게 후보에서 물러나라고 요구하며 모욕적인 언사를 사용했다. "링컨씨, 연설하시기 전에 당신이 구두장이의 아들이란 걸 잊지 말았으면 합니다." 당황스럽고 수치스러운 상황이었지만 링컨은 전혀 개의치 않고 오히려 자랑스럽다는 듯이 대답했다. "제 아버지에 대해 이야기해주셔서 감사합니다. 아버지는 이미 돌아가셨지만, 당신의 충고를 잊지 않겠습니다. 제가 대통령이 되어 아무리 열심히 한다 해도 아버지처럼 잘할 순 없을 겁니다. 제가 알기론 저희 아버지께서 의원님 가족의 신발도 만들어 드렸죠? 만약 신발이 불편하다면 알려주십시오. 제가 다시 수선해 드릴 테니까요. 물론 전 뛰어난 구두장이는 아닙니다만 어려서부터 아버지의 어깨 너머로 배운 기술이 있답니다."

또한 링컨은 다른 의원들에게도 말했다. "만약 여러분이 신은 신발 중에도 제 아버지가 만든 게 있다면 수리가 필요할 때 제가 도와드리겠습니다. 다만 전 아버지처럼 뛰어나지는 못합니다. 제 아버지는 누구도 따라갈 수 없는 기술을 가진 분이셨거든요." 그의 말에 감동을 받은 사람들은 너나 할 것 없이 힘찬 박수를 보냈다.

링컨과 함께 대통령 경선 후보로 나왔던 스티브 더글러스는 당선에 실패한 뒤 기회만 있으면 사람들 앞에서 링컨을 망신 줘야겠다고 작정했다. 한 번은 일부러 이렇게 빈정댔다고 한다. "미스터 링컨, 제가 당신을 처음 알았을 때 당신은 잡화점 주인이었죠. 엄청나게 쌓여 있는 물건들 속에서 시가와 위스키를 팔았죠. 그때 참 괜찮은 대접을 받았는데."

링컨은 더글러스의 말에 조금도 당황하지 않고 대수롭지 않다는 듯 말했다. "더글러스 씨의 말이 옳습니다. 저는 잡화점에서 목화솜도 팔고, 양초나 시가도 팔았죠. 물론 위스키도 팔았고요. 제 기억에 미스터 더글러스는 저희 가게의 우수 고객이었습니다. 계산대 바깥엔 미스터 더글러스가, 안쪽엔 제가 있었죠." 링컨은 피식 미소를 지으며 말을 이었다. "하지만 이제 달라졌죠. 저는 일찌감치 계산대를 떠났는데, 더글러스는 씨는 계속 계산대에 남아 있군요." 링컨의 이 재치 있는 말 한마디에 긴장으로 팽팽했던 주변에 웃음이 번졌다.

링컨의 출신뿐 아니라 외모 역시 적수들의 좋은 먹잇감이었다. 링컨이 처음 백악관에 입성했을 때 집안이 좋은 각료들 몇몇은 대통령을 얕잡아봤다. 심지어 에드윈 스탠턴이란 변호사는 "난 결코 이 애송이에다 촌뜨기인 긴팔원숭이와 일할 수 없어."라고 말하기도 했다. 그러나 링컨은 오히려 배짱 있게 말했다. "제 자존심을 일부분 희생하고 스탠턴을 육군 장관에 임명하려 합니다. 그는 누구보다 나라에 충성할 인물이니까요. 그는 타고난 재능과 힘, 뛰어난 식견으로 쉬지 않는 엔진처럼 나라를 위해 일할 겁니다."

철학자 스피노자는 "사람의 마음은 무력이 아닌 사랑과 관용, 아량으로 정복할 수 있다."고 말했다. 링컨이야말로 사랑과 관용, 아량으로 사람들의 마음을 정복한 리더였다. 사소한 일에 연연하지 않고 큰 그림을 중요하게 생각했던 링컨은 자신의 상대와 미국 국민까지 이롭게 했다. 이는 실로 지혜로운 처세법이라 할 수 있다.

그러나 모든 리더가 링컨과 같지는 않다. 이란의 지도자 호메이니와 이라크의 지도자 사담 후세인은 큰 그림을 볼 줄 몰랐다. 1975년 3월, 이란과 이라크는 '알제 협정'을 맺어 샤트 알 아랍 수로의 지배권과 호르무즈 해협에 있는 세 개 도서의 지배권을 이라크가 갖기로 했다. 그러나 몇 년 뒤 혁명에 성공한 이란은 호르무즈 해협의 세 개 도서를 장악하고 샤트 알 아랍 수로에서 국경분쟁을 일으켰다.

사담 후세인이 이라크의 대통령이 되던 해, 이라크는 엄청난 석유자원을 바탕으로 빈곤한 아랍국가에서 걸프만 최고의 부자 국가가 됐다. 게다가 이라크는 제7차 비동맹국 수뇌회의의 주최국으로 결정했다. 계속되는 호재에 야심만만한 사담 후세인은 점차 거만해지기 시작했다. 그는 무력으로 국경 분쟁과 종교 갈등을 해결하려고 했다. 이란의 지도자인 호메이니 역시 자신이 샤트 알 아랍 수로 지역을 통일하고 시아파의 지상낙원을 건설할 생각을 갖고 있었다. 이란과 이라크는 일촉즉발의 위기를 앞두고 있었던 것이다.

1980년 9월 17일, 사담 후세인은 이란이 뺏은 영토를 찾아오겠다고 선언했고 며칠 뒤, 이라크의 모든 전투기를 동원해 이란의 열 개 공군기지를 공격했다. 길고 긴 이란-이라크 전쟁이 시작된 것이다. 이 전쟁을 치르며 이란과 이라크는 참혹한 대가를 치러야 했다. 전쟁에 승리하기 위해 두 나라는 엄청난 인력과 물자를 쏟아 부었다. 중동의 2대 석유 수출국이었던 이라크는 경제가 엉망이 됐고, 이란은 호메이니가 생각한 것처럼 시아파의 통일을 이루지 못했다. 이 전쟁을 통해 양국 모두 어떤 이익도 얻지 못했으며 오히려 국력만 크게 약해지는 피해를 입었다. 그뿐만 아니라 전쟁으로 사망한 군인과 국민의 숫자도 엄청났다.

전체적인 정세를 제대로 살필 줄 모르고 무작정 서로를 증오한 두 지도자 때문에 이란과 이라크 모두 너무나 큰 상처를 입었다. 모든 리더는 이 사태에서 교훈을 얻어야 할 것이다.

프랑스의 영웅이었던 나폴레옹도 한때 자신의 잘못으로 프랑스 전체에 악영향을 끼친 적이 있었다. 미국의 발명가 로버트 풀턴이 자신의 발명품인 증기기관식 전함을 팔기 위해 베르사이유 궁에 찾아왔을 때였다. 그는 자신의 발명품에 대해 나폴레옹에게 설명했다. 자신의 증기기관식 전함을 도입하면 프랑스의 목재로 만든 전함을 대체할 수 있다는 내용이었다. 그의 말대로 증기기관식 전함은 목재 전함보다 훨씬 좋아 보여서 나폴레옹 역시 이 발명품에 큰 관심을 보였다. 그런데 잠시 후 금방이라도 풀턴의 제의를 받아들일 것 같던 나폴레옹이 태도를 바꿔 몹시 화를 냈다. 풀턴은 영문을 알 수 없었다. 사실 그가 뜻을 이루지 못한 이유는 아주 사소한 것이었다. 당시 설명에 열중하던 풀턴은 나폴레옹을 찬양하는 말 한마디를 건넸다. "위대한 폐하, 폐하는 세상에서 가장 큰 사람이 되실 겁니다!" 풀턴은 '가장 위대한 사람'이 될 것이란 의미였는데, 체구가 왜소했던 나폴레옹이 이 말에 모욕감을 느낀 것이다. "당장 여기서 나가주게! 자네는 사기꾼은 아니지만 얼간이인 건 분명하군."

로버트 풀턴의 특허권을 사들인 것은 영국이었다. 영국은 강력한 해군을 갖추고 결국에는 세계 해상의 패주로 자리 잡게 됐다. 나폴레옹은 상대가 무의식중에 내뱉은 한마디를 받아들이지 못해 결과적으로 세계를 제패할 기회를 잃어버렸던 것이다.

후일 아인슈타인은 미국의 루스벨트 대통령에게 편지를 보내 독일이 원자폭탄을 만들 수 있다는 사실을 경고하며 나폴레옹의 일화를 거론했다. '만약 나폴레옹이 풀턴이 발명한 증기기관식 전함에 대한 건의를 받아들였다면 오늘날 세계는 이렇지 않았을 것입니다.'

리더에게 전체적인 정세를 살필 줄 아는 능력은 중요한 담보이자 현명한 처세법 가운데 하나다. 리더는 개인의 이익보다는 국가 혹은 조직의 이익을, 눈앞의 이익보다는 장기적인 이익을, 작은 원칙보다는 근본적인 원칙을 고려해야 한다.

권력을 제대로 사용하는 방법

"누가 우리에게 권력을 주었는가? 바로 국민이다."

마오쩌둥 毛澤東

푸틴은 한 러시아 노배우의 열렬한 팬이었다. 그는 노배우의 생일을 축하해주기 위해, 그가 머무는 휴양촌으로 직접 차를 몰고 갔다. 그날은 쉰아홉 살의 경비원 사마렌이 휴양촌 입구를 지키고 있었다. 그는 안으로 들어가려는 차의 운전자들에게 일일이 신분증을 확인하고 있었는데, 정부 소속의 번호판을 단 차가 한 대 들어왔다. 사마렌은 그냥 통과시킬 생각이 없었다. 운전자에게 차에서 내려 신분증을 제시하라고 했다.

훗날 사마렌은 그날을 떠올리며 이렇게 말했다. "물론 번호판을 봤죠. 하지만 난 규정에 따라 누구든 휴양촌에 들어가려면 조사를 받아야 한다고 생각했어요. 그래서 운전자에게 내려서 신분증을 제시해 달라고 했죠. 그런데 내 눈을 믿을 수 없더라고요. 푸틴 대통령이 미소를 지으며 내게 신분증을 건네지 뭐예요."

만약 푸틴이 스스로 대통령임을 밝히고, 오늘 그곳을 방문하겠다고 알렸다면 경비원은 물론 노배우가 문 입구까지 마중을 나왔을 것이다. 그러나 푸틴은 그렇게 하지 않았다. 그는 경비원에게 제지를 당했을 때 소리칠 수도 있었다. "내 자동차 번호판이 안 보이나?" 아니 적어도 차에서 내리지 않고 차 창문을 내린 채 얼굴만 내밀고 말했을 수도 있었다. "내가 누군지 모르겠나?" 사실 어떻게 하든 그가 푸틴인 줄 알았다면 경비원은 정성껏 문을 열어줬을 것이다.

그러나 푸틴은 그렇게 하지 않고 경비원의 말대로 순순히 차에서 내렸을 뿐만 아니라 친절하게 신분증을 제시한 뒤 규정대로 휴양촌 안으로 들어갔다. 이것이야말로 리더가 갖춰야 할 바른 됨됨이라 하겠다.

반대의 사례도 있다. 미국의 국무장관이었던 키신저가 예루살렘을 방문했을 때의 일이다. 예루살렘에 매우 독특한 분위기의 '핑크스'란 술집이 있다는 말을 듣고 중동을 떠나기 이틀 전 직접 전화를 걸어 예약한 것이다. 가게 주인이었던 로스 찰스가 전화를 받자 키신저는 자신이 미국의 국무장관이라며 신분을 밝혔다. 그의 명성을 익히 알고 있던 로스 찰스는 예의를 갖춰 예약을 받았다. 그런데 전화를 끊을 무렵 키신저가 뜻밖의 요구를 했다. "내 수행원 10명과 함께 방문할 예정이니 다른 고객들을 받지 말아주시오." 키신저는 자신처럼 유명한 사람이 가겠다고 했으니 이런 작은 요구쯤을 당연히 받아주리라 여겼다.

그런데 로스 찰스는 그 요구에 굉장히 곤란해 하며, 키신저가 상상도 못한 답변을 했다. "저희 가게에 들려주시는 건 영광입니다. 하지만 그렇다고 다른 고객들을 거절할 순 없습니다. 그분들은 우리 가게의 오랜 손님이기 때문에 신의를 저버릴 수 없습니다." 이 말을 들은 키신저는 크게 화를 내며 전화를 끊었다.

다음 날, 냉정함을 되찾은 키신저는 다시 핑크스에 전화했다. 그는 먼저 어제의 실수를 사과하며 이번에는 세 명의 수행원과 가니 한 자리만 주면 된다고 말했다. 이는 키신저가 양보할 수 있는 최대치였다. 그런데 로스찰스는 또 다시 뜻밖의 답변을 내놓았다. "이렇게 성의를 보여주셔서 감사합니다. 하지만 내일은 토요일이라 저희 가게가 쉽니다." 키신저가 애원하듯이 말했다.

"하지만 난 모레 이곳을 떠나야 하네. 혹시 한 번만 예외를 둘 수는 없겠나?" "죄송하지만 그럴 순 없습니다. 저는 유대인의 후예니까요. 장관님께서도 유대인이니 잘 아실 겁니다. 토요일은 유대인에게 매우 신성한 날이 아닙니까? 토요일에 영업하는 것은 신에 대한 모독이니 문을 열 수 없습니다."

이 말을 들은 키신저는 조용히 전화를 끊었다.

야심가였던 히틀러 역시 마찬가지였다. 그는 그때까지 어떤 게르만인도 가져본 적 없는 권력을 가졌지만 그에겐 심각한 문제점이 있었다. 그중 하나가 말과 행동이 일치하지 않는다는 것이었다. 그는 자신의 강한 권력을 이용해 자신의 부하들과 다른 사람들을 억압했다. 본래 히틀러는 근육이 발달한 체형이 아니었는데 스스로 이를 치욕이라 생각했다. 무더운 여름에도 짧은 소매의 옷을 입지 않았으며, 목욕을 돕는 하인들에게도 자신의 몸 상태에 대해 언급할 경우 죽이겠다고 협박했다.

히틀러의 운전기사 역시 괴롭기는 마찬가지였다. 히틀러는 공개된 장소에서는 엄격한 규정에 따라 시속 37킬로미터를 넘지 않게 운전하도록 했다. 하지만 아무도 다니지 않는 깊은 밤이면 기사에게 시속 100킬로미터 이상으로 베를린 거리를 질주하게 했던 것이다. 히틀러의 운전기사로서 명령을 어기는 것은 상상할 수도 없는 일이었다. 결국 과도한 긴장으로 두 명의 기사가 정신적 문제를 겪었다.

리더가 권력을 어떻게 다뤄야 하는지에 대해 중국의 지도자 마오쩌둥은 다음과 같이 말했다. "누가 우리에게 권력을 주었는가? 바로 국민이다." 후진타오 역시 "누구를 믿고, 누구를 의지하고, 누구를 위해 일해야 하는가? 우리는 언제나 국민의 입장에 서야 한다."라고 지적한 바 있다. 리더에게 권력이란 사람들을 위해 봉사할 수 있는 도구이자 자신의 이익을 꾀할 수 있는 수단이기도 하다. 또한 권력은 리더의 자질을 가늠할 수 있는 중요한 기준이기도 하다.

행복한 사람이 성공한 사람

일을 일로만 하지 않고, 그 속에서 열정과 즐거움을 느낄 수 있다면 이미 절반의 성공을 이룬 것이다.

해리 윈스턴(Harry Winston)은 세계적으로 유명한 주얼리 브랜드 '해리 윈스턴'의 설립자다. 그는 우연히 네덜란드의 부유한 상인이 어떤 다이아몬드를 찾고 있다는 소식을 듣게 됐다. 마침 그 다이아몬드를 갖고 있었던 윈스턴은 네덜란드 상인에게 직접 전화를 걸어 이 소식을 알렸다. 얼마 뒤 그 상인이 윈스턴을 만나러 뉴욕으로 날아왔다.

해리 윈스턴은 네덜란드의 부유한 상인에게 귀중한 다이아몬드를 꺼내놓았다. 그는 이 다이아몬드를 상세히 설명해줄 전문가를 데려왔고, 자신은 조금 멀찍이 뒤에 앉아 있었다. 다이아몬드 전문가는 다이아몬드의 품질과 커팅 수준, 평가 등급 등에 대해 매우 자세히 설명했다. 그런데 이야기를 다 들은 네덜란드 상인은 뜻밖에도 큰 흥미를 보이지 않더니 결국 자리에서 일어났다. "이 다이아몬드는 분명 최고의 다이아몬드입니다. 하지만 안타깝게도 제가 원하던 것은 아니군요." 그는 정중하게 인사를 하고 자리를 떠나려 했다.

이 상황을 지켜보던 해리 윈스턴은 다급히 네덜란드 상인을 잡으며 말했다. "만약 허락하신다면 제가 다시 이 다이아몬드를 소개해도 될까요?" 상인은 다시 자리에 앉았고 윈스턴은 열정적으로 이 보석의 장점에 대해 설명했다. "보십시오. 햇빛 아래서 훨씬 찬란하게 빛나는 이 다이아몬드를! 얼마나 투명하고 아름다운지 보는 사람 누구나 마음을 빼앗기고 맙니다." 그의 설명을 다 들은 네덜란드 상인은 말했다. "좋소! 이 다이아몬드를 내게 파시오!" 윈스턴은 이렇게 게임이 끝난 것처럼 보였던 상황에서 엄청난 거래를 성사시켰다.

상인이 떠나고 나서 윈스턴의 조수가 물었다. "전문가가 설명해도 안 됐는데 어떻게 사장님의 몇 마디에 그 상인이 마음을 바꾼 거죠?" 해리 윈스턴은 미소를 띠며 대답했다. "그 전문가는 이 업계에서 손에 꼽는 사람이네. 당연히 다이아몬드에 대한 전문 지식은 나보다 훨씬 낫겠지. 그러니 내가 월급을 주고 있는 거지. 하지만 내게는 그 전문가에게는 없는 특별한 능력이 있다네. 만약 전문가가 이런 내 능력을 배울 수 있다면 난 망설이지 않고 그에게 두 배의 월급을 줄 걸세." 조수는 궁금하다는 듯 물었다. "대체 무슨 능력 말입니까?" 윈스턴이 그를 보며 말했다. "난 그 보석들을 무한히 사랑한다네. 이 일을 누구보다 사랑한다는 게 나의 능력이지."

모든 리더가 해리 윈스턴처럼 자신의 일에 애정이 있다면 하는 일마다 잘될 수밖에 없다. 독일의 유명 만화가 E. O. 플라우엔(E. O. plauen)은 이런 즐거움을 찾은 덕분에 성공을 거둘 수 있었다. 세계적으로 널리 알려진 만화 '아버지와 아들'도 그렇게 탄생했다. 그는 원래 아무도 알아주지 않는 평범한 서민에 불과했다.

그는 굉장히 어려운 젊은 시절을 보냈다. 당시 그는 직장을 잃고 아내도 세상을 떠난 데다 집에 불이 나는 등 뭘 해도 되는 일이 없었다. 그래서 세상을 원망하며 실의에 빠진 채 허구한 날 술집에서 살다시피 했다. 그는 늘 가진 돈을 술값으로 다 쓰고 난 뒤에야 지친 몸을 이끌고 집으로 돌아왔다. 한번은 플라우엔이 집으로 돌아온 뒤 아들 크리스티안이 시험을 망친 걸 알게 됐다. 기분이 잔뜩 상한 그는 매서운 눈초리로 아들을 쏘아보고는 자기 방으로 들어가 잠들어버렸다. 그는 다음 날 아침에 깨어 습관처럼 책상에 앉아 일기를 썼다. '정말 재수 없는 하루였다. 직장은 여전히 찾지 못하고 수중에 있던 돈도 바닥이 났다. 가장 신경질이 나는 건 아들 녀석이 또 시험을 망쳤다는 사실이다. 이렇게 사는 게 대체 무슨 희망이 있을까?'

일기를 다 쓴 플라우엔은 아들을 깨워 학교에 보내려고 아이 방에 갔는데 크리스티안은 이미 학교에 간 뒤였다. 그런데 그의 눈에 아들의 일기장이 들어왔다. 그는 호기심이 발동해 몰래 일기장을 펼쳐봤다. '이번 시험은 생각처럼 잘 보지 못했다. 하지만 어젯밤 이 소식을 아버지께 알렸더니 날 혼내는 대신 따뜻한 눈빛으로 바라보셨다. 그런 아버지 덕분에 나도 힘을 얻었다. 정말 열심히 공부해서 다음 시험에는 아버지를 실망시켜 드리지 말아야겠다.' 이 일기를 본 플라우엔은 자신의 눈을 의심했다. 이게 도대체 어떻게 된 일이란 말인가. 자신은 분명 매서운 눈으로 아들을 노려보

앉는데 말이다.

앞 페이지를 넘겨보니 그저께 일기가 적혀 있었다. '톰 아저씨의 바이올린 켜는 솜씨가 갈수록 좋아지고 있다. 언제 기회가 있으면 아저씨께 꼭 바이올린을 가르쳐 달라고 해야겠다.' 이 일기를 본 플라우엔은 갑자기 자신이 그저께 쓴 일기가 떠올랐다. 그는 서둘러 자신의 일기를 펼쳐봤다. '망할 놈의 톰, 또 낡아빠진 바이올린을 켜고 있다. 정말 재수 없는 날이다. 안 그래도 조용한 날이 없는 인생인데 시끄러워 죽겠다. 저 소리를 계속 듣고 있으면 미쳐버릴 것 같다. 내가 꼭 저 놈을 경찰에 신고하고 말겠어. 다시는 바이올린을 켜지 못하게 할 거야.'

플라우엔은 아들과 자신의 일기를 번갈아 보다가 어떤 깨달음을 얻었다. 그는 깔끔하고 단정하게 정리되어 있는 아들의 방과 엉망진창이 된 자신의 방을 둘러보며 한동안 말이 없었다. 자신은 대체 언제부터 이렇게 부정적이고 불안한 사람으로 변해버린 걸까? 그 순간, 그는 뭔가를 결심했다. 그 뒤 그의 일기에는 많은 변화가 일어났다. '오늘 또 하루 일당을 받을 수 있는 일거리를 찾았다. 아직 어느 회사에서 나를 부르지는 않지만 이렇게 구직활동을 하면서 많은 것을 배우고 있다. 또 어떤 회사들은 자리가 나면 전화를 주겠다고 했다. 이런 식이라면 아마 내일이라도 좋은 일자리를 구할 수 있을 것 같다.'

이렇게 마음가짐을 새롭게 한 덕분에 그는 만화를 그릴 수 있었고 결국 세계적으로 유명한 만화가가 됐다. 우리는 두 개의 일화를 통해 적극적이고 긍정적인 태도에서 즐거움과 에너지를 찾을 수 있음을 알 수 있다. 하

: 욕심을 비우면 그것이 행복이다

나의 조직을 이끄는 리더도 항상 이런 적극적이고 낙천적인 마인드를 유지해야 한다.

한 철학자는 "만약 사람이 일을 일로만 하지 않고 그 속에서 열정과 즐거움을 느낄 수 있다면 이미 절반의 성공을 이룬 것이다."라고 했다. 만약 리더가 자신이 하는 일을 돈벌이를 위한 수단이나 어쩔 수 없이 해야 하는 의무로 생각한다면 그 일에 대해 열정과 욕구를 느끼기 어렵다. 이럴 경우 일 자체가 고통스럽다. 이런 상태가 오래 지속되면 쉽게 나태해지고 소심해지며 일도 순조롭게 풀리지 않아 다른 사람을 원망하게 된다.

훌륭한 리더는 단순하고 무미건조한 업무와 생활 속에서도 즐거움을 찾을 줄 안다. 일과 생활 모두에서 행복과 기쁨을 느낄 줄 안다. 이런 리더는 작은 노력으로도 몇 배의 성과를 거두게 된다.

비판하고 싶을 땐 입을 다물어라

세상에 남을 비판하는 것처럼 쉬운 일도 없고, 쓸모없는 일도 없다.

링컨 대통령도 젊은 시절에는 종종 남을 비판하곤 했다. 심지어 그는 상대방을 조롱하는 시나 비웃는 글을 써 사람들이 다니는 길에 떨어뜨리기도 했다. 그 중엔 평생 링컨에게 원한을 품을 만한 내용도 있었다. 링컨은 변호사가 된 뒤에도 잡지에 글을 발표해 자신의 라이벌을 공개적으로 공격하기도 했다. 링컨은 호전적인 정객 실즈를 공격하려고 잡지에 익명으로 그를 풍자한 글을 투고했다. 그 글로 실즈는 지역의 웃음거리로 전락했다. 평소 자존심이 강했던 실즈는 이 일에 대해 불같이 화를 내며 누구의 소행인지를 조사했다. 수소문 끝에 범인을 알게 된 실즈는 그 길로 링컨을 찾아가 결투를 신청했다. 평소 싸움을 싫어해 결투를 반대하던 링컨이었지만 체면을 지키기 위해 하는 수 없이 그의 신청을 받아들였다. 실즈는 링컨이 먼저 무기를 선택할 수 있는 기회를 줬다. 링컨은 조금이나마 쓰는

법을 배운 긴 칼을 선택했다. 그러나 실즈와 링컨은 결투를 겨우 일 분 남겨두고 다른 사람들의 만류로 목숨을 건 위험한 싸움을 멈출 수 있었다. 이 일로 링컨은 큰 깨달음을 얻었고, 그 후 다시는 남을 모욕하는 글을 쓰거나 상대를 비웃지 않았다.

링컨은 미국 남북전쟁 당시 여러 명의 장군을 격전지에 보냈는데, 그들은 무참히 패배하는 일이 잦았고 북부 사람들 대부분은 무능한 장군들을 탓했다. 물론 링컨도 그들의 뼈아픈 패배에 마음이 아팠다. 하지만 그는 언제나 따뜻한 태도를 잃지 않았으며 '남을 비판하지 않아야 자신도 비판을 면할 수 있다'란 말을 잊지 않았다. 다만 그런 링컨도 앞서 언급했던 게티즈버그 전투에서 망설이느라 결정을 내리지 못했던 미드 장군만큼은 그냥 넘길 수 없었다. 그는 매우 화가 난 상태에서 편지 한 통을 썼다. 대통령이 된 뒤에는 말 한마디도 신중했던 그였지만 이번만큼은 엄격한 질책의 글을 쓰지 않을 수 없었다. 그 편지의 내용은 다음과 같았다.

친애하는 미드 장군

나는 장군이 리 장군의 후퇴를 막지 못해 벌어질 후환이 어떤 것인지 모를 리 없다고 생각하오. 리 장군은 이미 우리 손에 들어온 것이나 다름없었소. 만약 장군이 그를 잡고 최근에 다른 지역에서 거둔 승리까지 더해진다면 전쟁은 금방 끝났을 것이오. 하지만 지금의 형국으로 보건데 전쟁이 언제까지 계속될지 알 수 없게 됐소. 이번에도 리 장군을 제때 공격하지 못했는데 다음에는 어떻게 할 수 있단 말이오? …… 사실 난 지금 장군이 뭔가 더 할 수 있으리라고 생각하지 않소. 장군이 황금 같은 소중한 기회를 날려

버렸기 때문이오. 이 일로 나는 말로 다할 수 없는 고통을 느끼고 있소.

만약 미드 장군이 이 편지를 직접 봤더라면 어떤 기분이었을까? 그 뒤 그는 무슨 일을 할 수 있었을까? 그러나 미드 장군은 다행히도 이 편지를 보지 못했다. 링컨이 편지를 부치지 않았기 때문이다. 이 편지는 링컨이 세상을 떠난 뒤, 그의 문서 중에서 발견됐다. 그렇다면 대체 무엇 때문에 이 편지를 부치지 않았을까? 누군가는 링컨의 속내를 다음과 같이 추측했다.

'난 미드 장군을 이처럼 질책해서는 안 된다. 백악관에 앉아 미드 장군에게 명령을 내리는 것은 매우 쉬운 일이다. 내가 미드 장군처럼 최전선에 있다면 어땠을까? 이미 지난주에 많은 피를 본 데다 죽은 자들의 목소리가 귓가에 들려올지도 모를 일이다. 그렇다면 나도 서둘러 리 장군의 부대를 공격하지 못했을 수도 있다. 만약 내 성격도 미드 장군처럼 지나치게 신중하다면 그와 똑같이 행동했을지 모른다. 어차피 지금은 아무것도 되돌릴 수 없지 않은가. 만약 내가 이 편지를 미드 장군에게 보낸다면 당장 내 화는 풀 수 있을지 모른다. 하지만 미드 장군 역시 자신을 변호하려 할 테고 궁지에 몰리면 나를 원망할 수도 있다. 그러면 그도 내게 나쁜 감정을 가질 테고 이는 부대에 악영향을 줄 것이다. 어쩌면 그는 스스로 자리를 내놓아야 할 수도 있다.'

링컨은 이렇게 생각한 끝에 편지를 한 구석에 놓아뒀을 것이다. 그는 날카로운 비판만으로는 아무 일도 이룰 수 없다는 사실을 잘 알고 있었다. 타인을 비판한다고 대체 무슨 효과를 거둘 수 있겠는가. 실제로 별 이익이 되지 않는 비판은 하지 않느니만 못하다.

다른 사람이 당신을 미워하게 하고 싶은가? 그렇다면 그 사람을 비판하라. 당신은 분명 원하던 결과를 얻을 수 있을 것이다. 사람은 감정적인 동물이라 다른 사람의 지적을 받으면 그 사실을 마음에 담아두게 마련이다. 그러므로 리더라면 타인에 대한 불필요한 비판을 삼가야 한다. 다른 사람을 변화시키고 싶다면 비판으로는 목적을 달성하기 어렵다.

링컨 대통령을 거울삼아 불필요한 비판은 하지 말고 비판만으로 아무 쓸모가 없다는 사실을 배워야 한다. 루스벨트 대통령은 임기 중에 해결하기 어려운 문제가 있으면 벽에 걸린 링컨 대통령의 커다란 초상화를 보며 자신에게 물었다고 한다. "만약 링컨 대통령이 이런 상황이라면 어떻게 했을까? 그는 이 문제를 어떻게 풀었을까?" 리더들도 자신에게 한번쯤 물어보라. "만약 링컨이 이런 일을 만났다면 어떻게 했을까?"

미국의 주 프랑스 대사였던 프랭크는 젊은 시절 어떤 분야에서도 두각을 나타내지 못했지만, 세월이 흐름에 따라 점차 처세의 비법을 잘 아는 인물이 됐다. 그는 자신의 성공비결에 대해 다음과 같이 말했다. "저는 어떤 사람도 나쁘다고 말하지 않습니다. 대신 제가 아는 그 사람만의 장점을 하나하나 말해주죠."

세상에 남을 비판하는 것처럼 쉬운 일도 없고, 쓸모없는 일도 없다. 정말 사람들에게 환영받고 발전하는 사람이 되려면 비판하고 싶을 때 입을 다물 줄 알아야 한다. 대안이 없는 비판은 타인의 자존심에 상처를 입히고 그의 인내력을 시험할 뿐이다. 사실 다른 사람을 비판한들 내가 얻을 수 있는 것이 무엇인가. 적을 얻는 것 외에는 무엇도 얻을 수 없다는 사실을 잊지 말아야 한다.

― TOP LEADER ―

7

관리

혼자서 모든 일을 할 수는 없다

위로 올라갈수록 몸을 낮춰야 한다

권력을 가진 사람은 자신의 작은 단점이 타인에게 커다란 상처를 줄 수 있음을 알아야 한다.

조지 스미스 패튼(George Smith Patton, Jr) 장군의 사례에서 권력의 본질이 무엇인지 자세히 알 수 있다. 패튼 장군은 성격이 시원시원하고 정의로운데다 전투에서도 매우 용맹한 인물이었다. 다만 그는 이런 성격 탓에 전장에서 나약한 모습을 보이는 병사를 잘 이해하지 못했다. 누군가는 기꺼이 목숨을 내놓고 피로 물든 전장을 누비는데 어떻게 목숨이 아까워 도망칠 수 있단 말인가. 그는 이런 행동을 다른 군인들에 대한 모독이라 여기며 좀처럼 관용을 베풀지 않았다.

1944년, 패튼 장군은 이탈리아 팔레모를 공격한 뒤 부대를 이끌고 메시나로 전진했다. 그러나 이 과정에서 패튼 장군의 부대가 곤경에 빠지고 말았다. 게다가 그리 큰 부상을 입지도 않은 병사들이 자꾸 후방으로 실려와 패튼을 더욱 불안하게 만들었다. 특히 제1기갑사단에서 이런 현상이 빈번하게 일어났다. 그러던 8월의 어느 날, 패튼은 전선으로 가는 길에 후송병원으로 가는 표지판을 발견하고 운전병에게 그곳으로 차를 돌리라고 명령했다. 병원에 도착한 패튼은 치료를 받고 있는 병사 한 명 한 명과 친근한 대화를 나눴다.

그런데 그 중 한 병사를 보니 별다른 상처를 입은 것도 아닌데 트렁크 위에 올라가 쪼그리고 앉아 있는 게 아닌가. 패튼이 병원에 어떻게 입원하게 됐느냐고 묻자 존스라고 이름을 밝힌 그 병사는 다음과 같이 대답했다. "전 정말로 견딜 수가 없습니다." 의사는 그가 중증의 정신질환자로 벌써 세 번째 입원했다고 알려줬다. 그 말을 들은 패튼은 그동안 꾹꾹 눌러왔던 화를 터뜨리듯 끼고 있던 장갑으로 이 불쌍한 병사의 얼굴을 내리쳤다. 또한 병원 안에 있는 모든 사람에게 들릴 만큼 큰소리로 외쳤다. "난 절대로 이런 겁쟁이를 용납할 수 없네. 이 자식은 전 부대의 명예를 더럽혔어!" 패튼 장군의 뜻밖의 행동에 그 자리에 있던 사람들은 깜짝 놀랐다.

그로부터 며칠 뒤, 패튼은 제93후송병원을 시찰하다 전쟁 공포증에 걸린 병사를 보게 됐다. 가넷이란 이름의 병사는 몸을 잔뜩 움츠린 채 부들부들 떨며 패튼에게 말했다. "제 정신에 문제가 생겼어요. 분명 포탄이 날아가는 게 보였는데 포탄이 터지는 소리를 들을 수 없다고요." 패튼은 어이가 없다는 듯 가넷에게 소리쳤다. "이 빌어먹을 놈, 정신에 문제가 있다고? 넌 그저 타고난 겁쟁이일 뿐이야! 개자식 같으니라고." 패튼은 가넷의 뺨을 두 대나 때리며 윽박질렀다. "너 같은 놈은 전 부대의 수치야. 바로 전투에 참가해야 하지만 그 걸로는 부족하다! 넌 총살을 당해 마땅해. 아니, 지금이라도 내가 널 쏴버릴 수도 있다!" 실제로 패튼은 총을 꺼내 휘둘렀고 병원을 떠나기 전 의사에게 가넷을 쫓아내라고 고래고래 소리 질렀다.

며칠 뒤 제2군 참모장이었던 윌리엄 B. 킨 소장과 군의관 어니스트가 브래들리 장군을 찾았다. 그들은 패튼 장군의 폭력사건에 대해 상세히 설명하고 관련된 보고서를 올렸다. 진상을 알게 된 브래들리 장군은 적잖이 놀라며 혹시 다른 사람이 보고서를 본 적이 있느냐고 물었다. 킨 소장이 없다고 하자 브래들리가 조심스럽게 말했다. "이 문서를 잘 봉해서 오직 나와 자네만 열어볼 수 있도록 하게. 또한 이 보고서는 내 문서함에 잘 넣어 두게." 패튼과 웨스트포인트 사관학교 동기였던 브래들리는 그의 잘못을 덮어주려 한 것이다.

하지만 얼마 지나지 않아 패튼 장군이 병사를 때렸다는 소문이 제7군에 파다하게 퍼졌고 언론도 이 소식을 주목했다. 그뿐 아니라 군의관 어니스트는 다른 경로로 연합군 총사령관이었던 아이젠하워에게 이 사실을 보고했다. 사건의 전말을 자세히 들은 아이젠하워는 매우 난감한 입장에 처했다. 이 일을 어떻게 처리하느냐에 따라 미국 군인의 이미지와 병사들의 사기에 영향을 줄 수 있기 때문이었다.

아이젠하워는 이 일을 비밀리에 조사할 것을 지시하며 자신에게만 보고하도록 했다. 더불어 직접 패튼 장군에게 편지를 보내 그의 행동을 비판하며 맞은 병사뿐만 아니라 병원에 입원해 있는 모든 병사와 제7군 병사들에게도 사과하라고 했다. 아이젠하워는 이 외에도 언론계 대표들을 만나 사건의 경과와 이에 대한 조치를 설명하면서 현재 상황과 군에 미칠 영향을 감안해 보도를 잠시만이라도 자제해달라고 정중히 부탁했다.

패튼은 아이젠하워의 편지를 받고서야 문제의 심각성을 깨달았다. 어느 일요일 오전, 그는 자신이 때린 병사와 그에 관련된 인사들을 모두 사령부로 소집했다. 그 자리에서 패튼은 자신의 행동에 대해 사과하며 그럴 수밖에 없었던 이유를 설명했다. 제1차 세계대전 당시 그의 친구는 전선에서 작전을 수행하다 죽음이 두려워 도망쳤지만 끝내 양심의 가책으로 자살하고 말았다. "만약 누군가 그의 뺨을 때려서라도 정신을 차리게 했다면 적어도 그 친구의 목숨은 구할 수 있지 않았을까? 나는 줄곧 그렇게 생각했었네."

그 말을 들은 병사들은 고개를 끄덕이며 그의 행동을 용서해줬다. 패튼은 다시 아이젠하워에게 편지를 썼다. '제게 베풀어주신 은혜에 감사드립니다. 제 행동을 뼈에 사무치게 후회하고 있으며 가슴이 무척이나 아픕니다.' 패튼은 자신이 때린 두 병사에 대해 나쁜 뜻이 전혀 없었으며 그렇게 해서라도 남자와 군인으로서 그들이 책임을 다하게 하고 싶었노라고 적었다. 또한 1차 세계대전 중에 자살한 친구의 사례를 다시 언급하며 어리석지만 이런 방법으로라도 그들의 영혼을 구할 수 있으리라 생각했다고 털어놓았다.

물론 전시는 평소와 다르지만, 그것이 부하들에게 지나친 처벌을 내릴 근거가 되지는 않는다. 병사들은 이미 병원에 입원해 의사가 정신이나 신경에 질병이 있다는 진단을 내리지 않았던가. 그런데도 패튼은 자신의 추측만으로 병사들을 목숨이나 구걸하는 겁쟁이로 몰아 폭력을 행사했다. 이는 매우 주관적인 행동으로 그가 손에 쥔 권력은 타인에 대한 폭력으로 전환되고 말았다.

패튼은 병사들의 영혼을 구하려고 했다지만 그러기에 앞서 사실을 명백히 밝혔어야 했다. 어떤 일에 대해 확신이 없는 이상, 상황을 잘 모를 때는 그를 믿어야 한다. 병사 혼자 정신 이상을 주장한다면 패튼의 행동도 어느 정도 이해할 수 있지만, 의사가 이미 진단을 끝낸 상황이 아니던가. 설마 패튼이 의사보다 상대의 정신적 문제에 대해 더 잘 알 수 있겠는가. 패튼은 고집스럽게 상대의 말을 수용하지 않고 권력을 남용한 것이다.

물론 사람에게는 누구나 크고 작은 단점이 있다. 그러나 권력을 잡은 사람에게 앞선 경우와 같은 단점이 있어선 안 되며 이를 이용해 상대를 처벌해서도 안 된다. 권력을 가진 사람은 자신의 작은 단점이 타인에게 커다란 상처를 줄 수 있음을 알아야 한다. 몸에 무기가 있으면 누군가를 다치게 하기 쉽고, 권력이 있으면 남용하기 쉽다. 리더는 권력이 자신이 아닌 타인에게서 왔다는 사실을 명심해야 한다. 또한 이를 마음에 새겨 그에 어울리는 행동을 하도록 조심해야 한다.

적재적소의 노하우

사람의 힘에는 한계가 있다. 리더는 적합한 사람에게 적당한 일을 나눠줄 줄 알아야 한다.

조지 워싱턴은 독립전쟁에서 승리 후, 자신들만의 헌법을 제정하고 자주적인 정치제도를 만들고자 했다. 당시 강력한 영향력이 있었던 정치인 알렉산더 해밀턴은 미국에 강한 중앙집권 정부를 세워야 한다고 주장했다. 그뿐만 아니라 국민들을 엄격하게 통제해 그들이 반란을 일으킬 수 없도록 해야 한다고 말하며 군주제를 주장했다. 이는 당시 군주제를 실시하고 있던 영국을 추종한 것이다. 그는 영국이야말로 세계에서 가장 선진화된 제도를 갖춘 나라라고 믿었다.

심지어 해밀턴은 제헌회의가 시작되자 최고 행정수뇌부 종신제와 고도의 중앙집권정부를 중심으로 한 헌법 초안을 제시했다. 만약 이 초안이 통과된다면 워싱턴은 전제군주와 똑같은 권력을 소유할 수 있었다.

제헌회의 있기 6개월 전, 미국에서는 '셰이즈의 반란(Shays' Rebellion)'이라는 대규모 농민 봉기가 일어났다. 이 반란을 진압한 워싱턴은 반란의 주범들을 사형시키라는 자본가들과 보수파의 의견을 듣지 않고 그대로 석방해줬다. 훗날 워싱턴이 미국의 제1대 국무장관으로 임명한 혁명가 토머스 제퍼슨은 "가끔 있는 작은 반란은 사실 좋은 일이다. …… 자유란 나무는 반드시 애국자와 폭군의 붉은 피를 먹고 자란다."라고 말한 바 있다. 워싱턴 역시 제퍼슨의 이런 견해에 동의했다.

그러나 셰이즈의 반란으로 큰 충격을 받은 보수파와 노예주들은 워싱턴의 관대한 처리를 못마땅해 했다. 이렇듯 해밀턴은 강력한 중앙집권국가를 세워 강압적인 수단으로 국민을 억압하고자 했다. 워싱턴이 독재자가 되어 어리석은 국민을 잘 통제하고 그들의 이익을 지켜주길 바랐다.

그러나 워싱턴은 해밀턴을 비롯한 보수파 인사들이 건네는 왕관을 단호히 거절했다. 그는 필라델피아에서 열린 제헌회의에서 해밀턴의 헌법 초안을 부결시키고 삼권분립 헌법을 제정했다.

워싱턴은 미국 제1대 대통령이 되어 선거에 의해 대통령이 선출되도록 했으며, 더불어 임기는 4년으로 하되 두 번을 초과해 연임할 수 없도록 했다. 이러한 선례 덕분에 제2차 세계대전 당시 루스벨트 대통령의 4회 연임 외에는 단 한 번도 이 규칙은 깨어지지 않았다.

대통령이 된 워싱턴은 해밀턴과 제퍼슨을 각각 재무장관과 국무장관으로 임명해 정부의 오른팔과 왼팔이 되게 했다. 사실 정치적 견해가 다를 뿐 두 사람 사이에 대단한 원한이 있는 것도 아니었다. 한 사람은 군주제를, 다른 한 사람은 민주제를 원하긴 했지만, 당시 미국은 국가로서 이미 자리를 잡아가고 있었기에 이런 차이는 그다지 중요하지 않았다.

하지만 정부 요직을 맡았다고 두 사람의 정치적 견해가 바뀐 것은 아니었다. 해밀턴은 하나의 사회는 두 집단으로 나눠진다고 생각했다. 하나는 부유하거나 지위가 높은 사람들이 모인 통치집단, 다른 하나는 가난한 민중들로 구성된 대중집단이다. 그뿐 아니라 해밀턴은 정부행정기관이 한 사람에게 권력을 집중하는 단일행정 수뇌책임제를 실시해야 한다고 주장했다.

반면 제퍼슨은 천부인권론(天賦人權論)을 주장했다. 모든 사람은 평등하며, 누구는 통치하고 누구는 통치 받도록 태어난 것은 아니란 이론이다. 이런 차이에도 불구하고 두 사람은 미국의 발전을 위해 많은 공헌을 하는 작은 기적을 일구어냈다. 워싱턴은 어떤 문제는 제퍼슨의 말에, 또 어떤 문제는 해밀턴의 말에 귀를 기울였다. 워싱턴은 기본적으로 제퍼슨의 민주사상에 동의하는 편이었지만 해밀턴 역시 폭넓게 중용할 줄 알았다. 그야말로 보통 사람을 능가하는 넓은 가슴과 인재를 알아볼 줄 아는 정확한 안목을 가진 인물이었다.

사람의 힘에는 한계가 있다. 리더는 적합한 사람에게 적당한 일을 나눠줄 줄 알아야 한다. 자신이 아니면 안 되는 일은 본인이 해야 하지만 그 외의 일들은 다른 사람에게 권한을 부여해주는 것이 좋다. 혼자서 모든 일을 감당하려 하면 그 일을 최상의 상태로 만들 수 없다. 또한 그럴 경우, 아랫사람도 적극적으로 나서지 않는다는 단점이 있다.

당근과 채찍이 모두 필요하다

상(賞)과 벌(罰)은 두 개의 칼자루다. 군주라면 이 둘을 잘 사용할 줄 알아야 한다.

한비자韓非子

율리우스 카이사르는 상과 벌을 주는 자신만의 방식이 있었다. 그는 가능한 한 병사들에게 상은 많이 주되 벌은 적게 주려고 노력했다. 카이사르는 전쟁에서 승리를 거두려면 반드시 병사들의 사기가 높아야 한다고 믿었는데 병사들의 사기를 높이는 방법이 바로 상을 내리는 것이었다.

그는 원정을 나서기 전, 항상 거액의 포상금을 약속하며 장병들이 용감하게 적과 맞서 싸울 수 있도록 격려했고 실제로 전투에서 승리하면 자신의 약속을 즉시 실천했다. 본래 그는 평소에도 병사들에게 보급품을 충분히 공급했으며 부하들의 복리에 많은 관심을 기울였다. 처음 스페인 원정에 나섰을 당시 로마군은 보급품을 많이 확보하지 못했다. 이를 해결하기 위해 카이사르는 직접 돈을 빌려 보급품을 하사했다. 또한 병사들이 불필요한 위험에 빠지지 않도록 최선을 다했으며 사망률을 낮추려고 애썼다.

카이사르는 처벌을 할 때에도 신중에 신중을 기했다. 그의 부대는 한 지역의 전투에서 거듭된 실패를 맛봤다. 이에 여러 장군이 스스로 책임을 지겠다고 하며, 제 임무를 하지 못한 병사들에게도 엄한 처벌을 하라고 청했다. 그러나 카이사르는 패배는 자신이 제대로 지휘하지 못한 탓이라고 하며, 잘못을 저질렀던 장병들에게 따뜻한 질책의 말을 몇 마디 건넸을 뿐 다른 처벌을 내리지 않았다. 그의 이런 행동은 장병들의 책임감에 불을 지폈다. 그가 스스로 모든 책임을 지고 병사들의 사기를 북돋은 덕에 부대는 다시 활기가 넘치기 시작했다. 카이사르의 상을 많이 주고 벌은 적게 주는 격려방식은 장병들의 믿음을 샀으며 사기의 진작으로 이어졌다. 그런데 이런 관대한 상벌에도 분명한 기준이 있었다. 그러지 않을 경우, 지나친 상의 남용으로 군대의 규율이 무너질 수 있기 때문이었다. 아랫사람이 자신을 잘 따르게 하려면 반드시 과감하게 책임질 줄 알아야 한다. 아랫사람에게 책임을 전가하는 사람은 리더가 될 수 없다.

나폴레옹 역시 관용이 무엇인지 잘 아는 인물이었다. 그는 군을 이끄는 책임자로서 종종 병사들의 잘못을 비판하기도 했지만, 절대 높은 자리에 앉아 그들을 내려다보지 않았다. 그래서인지 병사들은 그의 비판을 기꺼이 받아들였다. 덕분에 그의 부대는 단결력과 전투력을 강화할 수 있었다. 이탈리아 원정길에 나섰던 나폴레옹의 군대는 굉장히 고생을 하게 됐다. 깊은 밤, 초소 순시를 나선 나폴레옹은 보초 하나가 큰 나무에 기대어 잠을 자는 모습을 보게 됐다. 그는 보초를 깨우는 대신 자신이 총을 들고 보초를 서기 시작했다. 삼십 분쯤 지났을 무렵 잠을 자던 병사가 깨어나 자신의 곁에 서 있는 나폴레옹을 보고 화들짝 놀랐다. 하지만 나폴레옹은 화를 내기는커녕 따뜻한 목소리로 보초에게 말했다.

"자, 여기 자네의 총일세. 자네들이 얼마나 고생하고 있는지 잘 알고 있네. 게다가 이렇게 먼 길을 걸어왔으니 졸음이 쏟아질 만도 하지. 다만 지금은 전쟁 중이라 긴장해야 하는 형국이 아닌가. 잠깐 소홀하면 군대 전체가 위험에 빠질 수 있네. 마침 내가 졸리지 않아 자네 대신 보초를 선 것이니 다음에는 꼭 조심하도록 하게."

이렇듯 나폴레옹은 병사를 이해하는 태도로 문제의 심각성을 상기시켜 줬다. 이런 군사령관과 함께 있다면 어느 병사가 무리한 요구를 할 수 있겠는가? 나폴레옹의 군대가 전쟁에서 그토록 용맹하게 싸울 수 있었던 것에는 다 그만한 이유가 있었던 셈이다. 너그럽게 상대를 대한다고 리더의 위신이 깎이는 것은 아니다. 오히려 반대다. 완벽하지 못한 인간이 잘못을 저지르는 것은 어찌 보면 당연한 일이다. 리더는 아랫사람의 장점을 먼저 보고 작은 실수쯤은 눈감아주며 더 열심히 일할 수 있도록 격려해야 한다.

링컨 대통령은 미국 남북전쟁 초반, 도덕적 약점이 적은 사람을 북군의 총사령관으로 삼았는데 웬일인지 남군과의 교전에서 번번이 패배했으며 하마터면 수도인 워싱턴마저 점령당할 뻔했다. 그는 실패의 원인이 무엇인지 면밀히 분석하기 시작했다. 그 과정에서 적군인 남군 장교들의 면면을 살펴보니 의외로 대부분 눈에 띄는 약점과 강점을 두루 갖춘 인물들이었다. 이에 자극을 받은 링컨은 몇몇 사람이 반대하던 그랜트 장군을 과감히 총사령관으로 임명했다. 얼마 후, 금주위원회의 한 사람이 링컨을 찾아와 그랜트 장군의 직위를 박탈해야 한다고 주장했다. 링컨이 이유를 묻자 그 사람은 이렇게 말했다. "그랜트 장군은 위스키를 지나치게 많이 마셔서 지휘관에 어울리지 않습니다." 이 말을 들은 링컨은 "그럼 그랜트 장군이 마시는 위스키가 어느 상표인지 좀 알려주시오. 다른 장군들에게도 그 위스키를 한 병씩 보내고 싶군요."라고 대꾸했다. 물론 링컨은 폭음이 일을 그르칠 수 있다는 사실을 알았지만 그랜트 장군이 얼마나 전투에 능한 장교인지도 잘 알고 있었다. 훗날 그랜트 장군은 로버트 리 장군이 이끄는 남군을 대파해 링컨의 결정이 옳았음을 증명했다.

중국의 사상가 한비자(韓非子)는 상과 벌을 두 개의 칼자루에 비유하며 군주라면 이 둘을 잘 사용할 줄 알아야 한다고 했다. 오늘날의 리더 역시 이 둘을 적절히 사용할 줄 알아야 한다. 적당한 상을 주면 부하는 자신의 노력이 인정받았다고 느낀다. 자신의 노력으로 이룬 공이 리더에게 인정받았다고 생각되면 부하는 더 열심히 일하게 된다. 또한 알맞은 처벌을 하면 부하 스스로 잘못을 깨닫고 채찍질할 기회가 되며 다른 사람들도 경계하는 효과가 있다. 반대로 부적합한 처벌은 전체 조직의 단결에 악영향을 준다.

재능과 인품을 두루 갖춘 인재가 최고지만, 그런 사람은 흔치 않다. 사람은 누구나 저마다 일을 처리하는 방식과 도덕적 기준이 있게 마련이다. 이런 부분에 대해서는 강요할 필요도 없고 할 수도 없다. 일을 잘 처리했을 때는 상을, 그러지 못했을 때는 벌을 주면 된다. 단, 그에 앞서 그렇게 된 원인이 무엇인지 살피고 용서할 부분은 용서해줘야 한다. 좋은 리더는 실패했을 때 원인을 자신에게서 찾고, 성공했을 때 공을 타인에게서 찾는 법이다.

격려하는 방법은 무궁무진하다

사람을 격려하는데 있어 원대한 이상보다 좋은 것은 없다.
하지만 사람은 감정의 동물이라 감정에 호소하는 말로 표현해줘야 격려의 효과가 극대화된다.

나폴레옹은 뛰어난 지휘관이자 훌륭한 연설가였다. 그는 로디 전투를 앞두고 병사들에게 말했다. "내가 아는 프랑스어 중에 고난이란 두 글자는 없다." 이 말에 큰 격려를 받은 병사들은 적진 깊숙이 돌진해 적들을 섬멸했다. 전투가 끝난 뒤 병사들은 분명 나폴레옹이 큰 상을 내릴 것이라 믿었다. 그런데 뜻밖에도 편지 한 통이 병사들에게 내려왔다.

'알프스 산맥을 넘은 이후, 제군들 모두 잘 싸웠다. 허나 우리의 이탈리아 원정은 이제 시작에 불과하다. 제군들 역시 제대로 된 힘을 쓰지 않았다. …… 오늘 이후로 여러분은 이번 전투처럼 나약하고 무능한 모습을 보여서는 안 된다.'

이 편지에 프랑스 병사들은 하나둘 불만을 터뜨렸다. "뭐라고? 우리가 용감하지 못했다는 거야?" "그럴 수도 있어. 오스트리아 놈들을 쳐부술 때처럼 모든 힘을 다 쓰지는 않았잖아." "좋아, 그럼 다음 전투에서 보자고! 저 난쟁이 장군에게 우리의 용기와 힘이 얼마나 대단한지 증명해 보이자!" 다음날, 행군하는 병사들은 나폴레옹의 질책으로 오히려 사기가 충천했고 공격도 신속하고 효과적으로 이뤄졌다.

프랑스군이 밀라노에 주둔한 뒤 나폴레옹은 다음 전투를 위해 그 유명한 밀라노 연설을 했다.

"제군들, 밀라노는 이미 여러분의 손안에 들어왔다. 프랑스 공화국의 깃발이 하늘 높이 휘날리고 있고 포 강(Po River) 평원 어디서나 이 깃발의 찬란한 빛을 볼 수 있다. 이탈리아의 작은 성들은 우리에게 목숨을 구걸하고 있다. 오스트리아 군대도 그대들이 무참히 박살내지 않았던가! 제군들, 우리는 아펜니노 산맥을 평정한 기백과 힘으로 이탈리아 국경 안의 모든 장애물을 쓸어버릴 수 있다. 여러분은 이미 여러 전투에서 혁혁한 공을 세웠다. 그러나 더욱더 위대한 임무는 아직 시작되지 않았으며 승리의 열매는 무르익지 않았다. 강대한 오스트리아 군대는 여전히 우리를 호시탐탐 노리고 있다. 아직도 그들의 눈에 프랑스는 살찐 양에 불과하다. 왕당파 역시 우리를 칠 기회를 엿보고 있다. …… 만약 여러분이 현재에 만족하며 전진하지 않는다면 그들의 칼날이 우리를 향할 것이다. 우리의 자손과 역사에 웃음거리로 전락하지 않으려면 결코 작은 승리에 도취되어선 안 된다. 여러분은 위대한 프랑스의 전사다. 역사와 작금의 현실이 우리에게 맡긴 임무는 술이나 여자에 취하는 것이 아니라 고대 로마제국 땅에 자유와 평화를 가져오는 것이다. 우리는 반드시 최선을 다해 고대 로마 정신을 회복하고 분투해야 한다."

이 연설은 병사들의 투지를 일깨웠으며 프랑스군은 이탈리아를 휩쓸었던 때처럼 다시 오스트리아군을 공격했다. 전투에서 승리한 병사들은 이번에야말로 나폴레옹의 칭찬을 들을 수 있으리라 확신했다. 그러나 나폴레옹은 제8군단을 둘러보며 조롱하듯 말했다. "자네들 정말 계집애 같군. 치마를 걷고 두 다리 사이에 뭐가 있는지 확인해보게. 아니, 여자들이 자네들보다 더 잘 싸울 걸세. 11군단을 보라고. 그들이야말로 진정한 사나이지! 다음 전투에서는 절대로 이런 식으로 싸워선 안 되네."

이 뜻밖의 평가에 당황한 제8군단의 장병들은 '우리가 정말 제11군단보다 못하단 말이야?'라고 생각했다. 잠시 뒤, 나폴레옹은 제11군단의 병사들을 똑바로 쳐다보며 외쳤다. "다들 계집애가 따로 없군. 모두 여자가 된 건가? 차라리 치마를 입는 게 어때? 자네들은 도대체 전투에서 무슨 일을 했는가? 부디 8군단을 보며 배우게. 그들이야말로 진정한 전사니까."

제11군단의 장병들은 예상치 못한 평가에 제8군단을 의식하지 않을 수 없었다. 그때부터 제8군단과 제11군단은 사사건건 경쟁하기 시작했다. 심지어 후방 근무가 가능한데도 행군을 자처하며 앞다퉈 임무를 완수하려고 애썼으며 서로를 뛰어넘으려고 노력했다.

이어진 전투에서 제8군단과 제11군단은 누구보다 용맹하게 싸웠다. 전투가 끝나자 두 군단은 나폴레옹의 지휘 막사 앞에 엄청나게 많은 전리품을 두 무더기로 쌓아놓았다. 병사들은 나폴레옹에게 자신들의 전과가 어떤지 평가해달라고 요구했다. 이에 나폴레옹은 싱긋 웃으며 말했다. "제군들, 내가 틀렸네. 자네들은 모두 잘 싸웠어. 한 사람 한 사람 상을 받아 마땅하네. 자네들에게 명예로운 총을 하사하겠네."

오랫동안, 이 명예로운 총을 손에 넣고 싶어 했던 병사들은 나폴레옹의 말에 환호성을 질렀다. 그들은 모두 흥분의 도가니에 빠져 큰소리로 외쳤다. "싸우자! 전장에서 누가 더 잘 싸우는지 가려보자!" 두 군단 병사들을 보며 다른 군단의 병사들은 부러움을 느꼈다. 병사들은 하나같이 자신의 실력을 자랑하기 위해 다음 전투를 기다렸다.

사람을 격려하는데 있어 원대한 이상보다 좋은 것은 없다. 하지만 사람은 감정의 동물이라 감정에 호소하는 말로 표현해줘야 격려의 효과가 극대화된다. 물론 논리와 이상으로도 그렇게 할 수 있지만, 효과가 발휘되기까지 오랜 시간이 걸린다. 사람들의 투지를 불태우게 하는 데는 선동만큼 효과적인 방법이 없다. 그런 면에서 사기를 드높일 수 있는 연설은 사람들의 마음을 쉽게 움직인다. 이상이 이상인 이유는 짧은 기간 안에 실현하기 어렵기 때문이다. 실제로 멀리 있는 목표를 이루려고 끊임없이 분투하기란 매우 어렵다. 그래서 지금 당장 힘을 낼 수 있는 원동력이 필요한 것이다. 그런 면에서 타인과 비교함으로써 명예나 부끄러움을 느끼게 하는 방법은 좋은 에너지가 된다.

협력과 조율의 시너지효과

협력이 제대로 되면 이루지 못할 목표가 없지만, 제대로 안 되면 치명적인 손실을 입게 된다.

나폴레옹은 정권을 잡자마자 위험한 상황에 직면했다. 유럽의 다른 나라들이 군주 정권을 지키고 자본가계급의 혁명을 막고자 프랑스 자본주의 정권을 말살하려 한 것이다. 그들은 프랑스를 반대하는 동맹을 만들고 연합군을 조직해 프랑스로 진격해왔다.

1805년, 나폴레옹은 전쟁에서 승리하려면 모든 군대의 조직을 재정비해야 한다는 사실을 깨달았다. 그러나 그에게는 군대를 하나로 단결시킬 뛰어난 지휘관이나 참모장이 많지 않았다. 그래서 나폴레옹은 베르티에를 참모장으로 임명하는 동시에 전공이 뛰어난 여섯 명의 장군과 여덟 명의 대령으로 참모진을 꾸렸다. 이 참모진은 나폴레옹에게 지략을 제공할 조직이자 유능한 집행기구였다. 후방 수송의 조직에서부터 군사적 방침에 대한 실행, 군대 내의 명령 하달, 병사들의 상부 보고까지 모든 것이 이 참모진의 관리에 따라 이뤄졌다.

　이 참모진은 특히 예나-아우어슈테트 전투에서 큰 성과를 올렸다. 당시 오스트리아와 프로이센으로 구성된 연합군은 나폴레옹의 부대를 섬멸하려고 준비하고 있었다. 반면 나폴레옹의 군대는 산악지역에서 움직이고 있어 탄약 등의 보급 상황이 여의치 않았고 몇몇 부대는 여러 산에 나뉘어 주둔하고 있어 전군의 상황이 매우 불리했다. 만약 프로이센과 오스트리아 연합군에 둘러싸인다면 프랑스군은 큰 타격을 받을 것이 분명했다.

　이렇게 위급한 시기에 베르티에 참모장과 동료들은 함께 상황을 분석하며 어떻게 대처할 것인지 전략을 상의했다. 그들은 각종 정보를 살펴보던 중 오스트리아군이 프로이센군보다 전력이 약하다는 사실을 발견했다. 실제로 오스트리아군은 프로이센군보다 행군 속도도 느렸으며 프랑스군과 비교해도 전력이 약한 편이었다. 반면 프로이센군은 행군 속도가 빨라 예나 일대에서 멈춰서 오스트리아군을 기다려야 했다. 그로 인해 두 나라 군대 사이에 균열이 생겼다.

　이를 간파한 베르티에는 나폴레옹에게 군대를 나눠 일부는 프로이센 군대를 견제하되 다른 일부는 오스트리아군을 먼저 공격하자고 건의했다. 그런 다음 퇴로를 막아 프로이센군을 섬멸하려는 것이었다. 이 작전은 오스트리아군과 프로이센군의 균열을 이용함과 동시에 분산된 프랑스군의 입장을 유리하게 전환하려는 것이었다. 나폴레옹은 이 작전대로 전투에 나서 오스트리아군을 공격한 다음 프로이센군을 쳐부술 수 있었다. 이 전투를 기점으로 나폴레옹은 유럽의 맹주 자리를 확고히 했다. 그리고 예나-아우어슈테트 전투의 일등공신이 된 참모진 중 베르티에와 몇몇 장군은 원수(元帥)의 자리에 올랐다.

나폴레옹은 참모진의 건의에 따라 불리했던 군대 상황을 조정함으로써 순조롭게 오스트리아와 프로이센 연합을 무너뜨릴 수 있었다. 전체 조직의 힘을 하나로 모으면 엄청난 역량을 발휘할 수 있다. 그러기에 리더는 전체 조직을 잘 조율해 잠재된 힘을 발휘하도록 해야 한다.

제2차 세계대전 당시 소련은 드네프르 강 옆까지 상륙 거점을 넓히고 독일 예비 병력의 진군을 막으려고 공수부대 총 1만여 명을 이동시키고, 인근의 여러 비행장에서 수송기 2백여 대와 글라이더 30여 대를 대기시켰다. 그들의 계획은 하룻밤 사이에 공수부대를 셋으로 나눠 신속히 예정된 목표를 탈환하는 것이었다. 그러나 소련의 이런 계획은 독일군에게 미리 발각됐다. 독일군은 소련군의 작전에 맞서기 위해 군대를 대대적으로 이동시켰으며 고성능 무기와 탐조등의 수를 늘렸다. 공수부대가 강하할 경우에 미리 대비한 것이다. 소련군은 이런 사실을 몰랐으며, 공수부대가 강하하는 과정에서도 지나치게 분산되어 착지하는 우를 범했다. 더군다나 병사들 중에는 무선통신기가 없거나 통신기 전원이 없는 사람이 많아 통일된 지휘가 어려웠다. 결국 소련군은 전투를 해보기도 전에 독일군에게 섬멸 당하고 말았다.

이렇듯 협력은 리더십에 있어 매우 중요한 요소이다. 협력이 제대로 되면 이루지 못할 목표가 없지만, 제대로 안 되면 치명적인 손실을 입게 된다. 리더는 반드시 내부 구성원들 사이의 관계를 잘 조정해 하나의 목표를 향해 함께 노력하도록 해야 한다.

스스로 성장하도록 기다려주어라

농부는 모에 싹을 틔우고, 물을 대고, 김을 매고, 기다려야 한다. 만약 모가 다 성장할 때까지 기다리지 못하고 함부로 뽑아 올리면 결국 그 모는 죽게 된다.

잡지 〈플레이보이(PLAYBOY)〉의 CEO였던 크리스티 헤프너는 "영리한 인재는 많을수록 좋다."라고 말했다. 실제로도 그녀는 그런 인재를 많이 기용했다. 아버지 휴 헤프너가 그녀에게 〈플레이보이〉를 물려줬을 당시 회사는 매년 5천만 달러의 적자를 보고 있었다. 그녀는 CEO 자리에 오른 뒤 우선 인재를 찾는 일에 매진했다. 그녀는 가능한 모든 수단을 동원해 똑똑한 인재들을 회사에 영입했다. 덕분에 내리막길을 걷고 있던 〈플레이보이〉는 다시 빛을 볼 수 있게 됐다.

실제로도 많은 리더가 부하직원의 업무능력을 향상시키는 일이 얼마나 중요한지 잘 알고 있다. 그러나 인재를 양성하는 과정에서 잘못된 방법으로 오히려 반대의 결과를 얻는 경우가 적지 않다. 그중 가장 보편적이면서도 잘못된 자세가 바로 눈앞의 성과와 이익에만 집중하는 것이다. 리더들은 종종 부하의 능력을 빨리 키우는 일에만 급급한 나머지 각각 인재의 특성을 무시하는 경향이 있다.

미국에서 한때 MDP(Management Development Program)란 인재육성 방법이 유행했다. 이는 간부훈련 방식의 하나로 회사의 경영인이 우선 각 직위의 직원들이 갖춰야 할 재능을 지정한다. 그러면 프로그램에 따라 같은 직위에 있는 여러 명이 후보로 배치된다. 경영인은 이 후보들을 비교해 그 직위에 어울리는 한 사람을 선택한다. 여기서 선택받지 못한 후보들은 특정한 직위를 배정받아 부족한 재능을 보완할 수 있는 맞춤형 교육을 받게 된다.

당시 많은 경영인이 이 방법을 이용해 적합한 직원을 선발하고 기준에 부합하지 않는 직원에게는 별도의 훈련과정을 진행했다. 이 방법은 매우 참신하고 독특했지만, 조직의 진보와 인재의 발전이란 측면에서 보면 결코 추천할 만한 방법이 아니었다. 조직의 구성원을 훈련시키고 싶다면 그들이 지닌 능력 자체를 향상시키도록 해야 한다. 특정한 직위나 그에 따른 기준을 위한 훈련은 진정한 훈련이 아니다. 그뿐만 아니라 직원의 능력을 일정한 수준까지 끌어올리도록 강요해서도 안 된다. 이는 인재의 양성에 아무런 도움이 되지 않기 때문이다.

만약 인재양성의 과정을 모를 키우는 것에 비유하자면 인재는 키우고 있는 모이며 경영인은 농부라고 할 수 있다. 농부는 모에 싹을 틔우고, 물을 대고, 김을 매고, 기다려야 한다. 만약 모가 다 성장할 때까지 기다리지 못하고 함부로 뽑아 올리면 결국 그 모는 죽게 된다.

이 원리는 리더들에게도 똑같이 적용된다. 리더는 인재를 키우는 초반에 일정한 조건을 충족시켜주며 인재 스스로 자신의 위치가 무엇인지 깨닫고 목표를 향해 노력하도록 해야 한다. 그 다음에는 인재가 자유롭게 성장할 수 있게 놔둬야 한다. 결코 압력을 가하거나 빠르게 성장하도록 강요해서는 안 된다.

일반적으로 리더가 아랫사람의 업무능력을 향상시킬 수 있는 방법은 네가지다. 첫 번째 방법은 리더 스스로 모범이 되어 아랫사람이 보고 배우도록 하는 것이다. 두 번째는 아랫사람에게 충분한 실천 기회를 제공해 그 과정에서 성장할 수 있게 하는 것이다. 세 번째는 아랫사람과 함께 진보하고 전진하면서 문제를 발견하고 해결하는 것이다. 마지막 방법은 아랫사람 스스로 혁신을 꾀하도록 해 자기 능력을 향상시킬 길을 찾게 하는 것이다.

한 조직의 업무성적은 구성원의 업무능력과 직접적인 관련이 있다. 경영학 이론 가운데 유명한 '나무통 이론'이 있다. 나무판으로 만들어진 나무통에 담을 수 있는 물의 양을 결정하는 것은 가장 긴 나무판이 아니라 가장 짧은 나무판이라는 내용이다. 조직이 나무통이라면, 나무통의 가장 짧은 나무판은 조직에서 능력이 가장 모자라거나 눈에 띄는 재능이 없는 구성원이다. 리더는 짧은 나무판을 찾아 그 길이를 늘이도록 도와주어야야 한다. 그래야만 조직의 업무능력을 효과적으로 향상시킬 수 있다.

— TOP LEADER —

8

관계

인맥은 금맥보다 소중하다

솔직함보다 좋은 전략은 없다

근시안적 시각으로 대중매체와의 소통을 거절해서는 안 된다. 대중매체의 환경이 보다 개방되고 투명해질수록 여론은 리더에게 유리해진다.

2003년 8월 14일, 미국 뉴욕 중심가와 몇 개 대도시에 예고 없이 정전이 발생했다. 정전은 무려 사흘이나 계속됐는데, 이는 미국 역사상 손꼽히는 대규모 정전 사고 중 하나다. 이 사태는 뉴욕에 엄청난 충격을 안겼다.

마침 정전이 퇴근 시간대에 일어나 교통이 마비되고 주요 교통수단들도 멈춰 섰다. 당시 뉴욕 맨해튼의 여러 빌딩에는 퇴근하지 못한 사람들이 넘쳐났고 30만 명이 승강기와 지하철에 갇혔다. 급작스러운 정전 사고로 꽤 많은 지역이 피해를 봤지만, 혼란은 그다지 크지 않았다. 정부와 대중매체의 적극적인 협력 덕분이었다. 정전이 되자 대부분의 매체도 정상적인 업무를 할 수 없었다. 뉴욕 시 정부는 이런 상황에서 유언비어가 확산되는 것을 막기 위해 신속한 응급조치를 취해서 방송매체가 시민들에게 빠른 정보를 전달할 수 있게 했다.

뉴욕 시장 마이클 블룸버그는 정전이 된 지 30분 만에 기자회견을 열어 매체와 시민들에게 이 사고를 설명하며 사람들의 두려움과 염려를 불식시켰다. 정전 소식이 백악관에 전해진 뒤 부시 대통령과 다른 고위 공직자들도 이 사태를 주시했다. 45분 뒤, 부시 대통령은 방송을 통해 테러와는 무관한 사고이므로 안심하라고 메시지를 전했다.

매체를 통해 정보가 제때 전해지고 블룸버그 시장과 부시 대통령이 시민들에게 성의를 다해 해명한 덕에 미국인들은 테러의 공포에서 벗어나 끈기 있게 지원을 기다렸다. 몇몇 사람들은 승강기 안에 열아홉 시간이나 갇혀 있었지만 당황하지 않았다. 또한 정전 기간에도 많은 기관이 정상적으로 운영됐다. 정전이 있던 날 밤 절도 사건이 있긴 했지만, 범행으로 잡힌 사람의 수가 850명에 불과해 다른 날의 평균(950명)에도 미치지 않았다.

이와 상반되는 사례도 있다. 1985년 4월, 의료 전문가들은 영국에 광우병이 존재한다는 사실을 발견했다. 1989년, 영국 정부는 여러 기구와 협력해 보고서 하나를 만들었는데, 이 보고서는 광우병이 오직 소에만 전염될 뿐 사람에게는 전염되지 않는다는 내용이었다. 그러나 일 년 뒤인 1990년, 고양이와 돼지가 광우병에 감염되는 사례가 나타났다. 이 소식을 들은 사람들은 영국 정부를 의심하기 시작했지만, 영국 정부는 광우병이 사람에게도 전염될 수 있다는 사실을 줄곧 부인했다.

그런데 1996년 영국 정부가 갑자기 광우병과 관련 있는 크로이츠펠트-야콥병 환자 열 명 가운데 여덟 명이 이미 사망했다고 발표했다. 이 소식은 영국뿐만 아니라 온 유럽에 큰 파문을 일으켰다. EU 가입국들은 소고기로 말미암아 벌어질 수 있는 일을 두고 갑론을박을 벌였다. 또한 영국, 프랑스, 독일 등에서 시위가 벌어져 영국 정부에 불만과 항의의 뜻을 드러냈다. 일순간 영국 정부는 세계 여론의 집중 공격을 받게 됐다.

영국 정부가 광우병 사태를 제대로 제어할 수 없었던 이유는 오랫동안 속사정을 숨겼기 때문이다. 영국 정부는 광우병을 발견하고도 무려 반년 가까이 대중에게 이 사실을 알리지 않았다. 그 후 농업부가 광우병이 사람에게 감염될 수 있음을 발견했지만, 역시 반년 동안 어떤 병증에 대한 소식도 공개하지 못하도록 금지했다.

영국 정부가 내부 사정을 숨겼던 데에는 두 가지 이유가 있었다. 하나는 소고기에 대한 소비자의 불안을 피하기 위해서였고 다른 하나는 영국 소고기에 대한 신뢰가 떨어지는 위기를 막기 위해서였다. 그러나 현실에서는 영국 정부의 의도와 정반대의 결과가 나타났다. 제대로 된 내부 사정을 알리지 않은 탓에 소비자들은 두려움에 빠졌고, 1996년까지 시간을 질질 끌다 발표된 소식은 즉각 세계를 광우병의 공포로 몰아넣었던 것이다. 영국은 곧장 70%의 소고기 사장을 잃었으며 관련 식품들도 심각한 타격을 입었다. 영국 농업의 기반 자체가 뿌리째 흔들리게 된 것이다.

영국 정부는 내부 사정을 정확히 밝히지 않은 것 외에도 심각한 잘못을 하나 더 저질렀다. 바로 빠져나갈 여지를 남기지 않은 것이다. 영국은 처음에 상황이 정확히 확정되지도 않은 상태에서 대중에게 식용 소고기가 안전하다고 주장했다. 심지어 광우병의 인간 전염은 절대 불가능한 일이라고 발표했다. 이런 상황에서 광우병 환자가 사망하자 영국 정부는 불신에서 헤어날 수 없게 되었다. 또한 국민들의 공포감은 예상한 수준 이상이었다. 결국 영국 정부는 이러한 상황을 타개하기 위해 광우병 감염 여부와 상관없이 천이백만 마리의 소를 도살해야 했다.

대중매체는 대중에게 정보를 교류하고 공공의 문제를 논의할 무대를 제공하며, 리더들은 매체를 통해 대중의 목소리를 듣고 정책을 결정한다. 리더는 중대한 소식을 숨기려고 애써서는 안 된다. 오히려 솔직한 태도로 매체와 소통하며 제때 정확한 정보를 알려야 한다. 그래야만 사태를 순조롭게 해결할 수 있다. 2003년 미국 정부가 대규모 정전사태에 대처한 모습을 통해 우리는 리더가 취해야 할 태도가 무엇인지 명확히 알 수 있다.

리더는 언제나 사람이 중심이라는 원칙을 고수해야 한다. 또한 근시안적 시각으로 대중매체와의 소통을 거절해서는 안 된다. 대중매체의 환경이 보다 개방되고 투명해질수록 여론은 리더에게 유리해진다는 사실을 명심해야 한다.

크면 클수록 좋은 공감대

"지도층은 반드시 대중 안으로 들어가야 한다. 특히 어려움에 처한 곳, 대중의 의견이 많은 곳, 일이 제대로 진행되지 않는 곳으로 가야 한다."

후진타오 胡錦濤 전 주석

일본에서 도시바의 CEO 도고 도시오(土光敏夫)는 '도시바'란 상표만큼 유명하다. 그가 처음 회사를 맡았을 때만 해도 창업 90주년에 직원 8만 명의 도시바는 사면초가의 위기에 처해 있었다. 도고 도시오는 CEO 자리에 오르자마자 비서도 없이 혼자 공장을 찾아다니며 직원들과 만났다. 그는 직원들과 대화를 나누며 그들의 의견에 귀를 기울였다. 뿐만 아니라 대기업 CEO란 무거운 이름을 내려놓고 직원들에게 직접 음료를 건네며 소탈한 모습을 보였다.

처음엔 당황하던 직원들도 그의 진심에 마음을 열었다. 그들은 도시오를 친근하고 인간적인 사람이라 여기고 그를 위해 더 열심히 일하겠노라고 다짐했다. 도시오가 CEO의 자리에 오른 지 얼마 되지 않아 도시바의 상황은 크게 개선됐다. 심각한 적자에 빠져 있던 회사가 이 년 만에 재기에 성공한 것이다.

미국의 수많은 회사 사장들과 경영인은 직원들과 좋은 관계를 유지하기 위해 상당한 공을 들인다. 그들은 자신들의 행동 하나하나가 큰 영향을 미친다는 사실을 알기에 일상적으로 직원들과 친밀한 교제를 나누길 원한다. 어떤 경영인은 일흔 살이 가까운 나이에도 직접 공장의 노동자들과 대화를 하고, 어떤 경영인은 직원들이 일하는 기계 옆에서 소통하기도 한다.

미국의 유명한 기업가 리 아이어코카가 직원들과 생사고락을 함께하며 크라이슬러사를 일으킨 이야기는 업계의 전설로 남아 있다. 아이어코카가 크라이슬러의 경영자 자리에 앉았을 때 회사는 파산의 위기에 직면해 있었다. 이런 위급한 상황을 타개하기 위해 그는 자신의 연봉 액수를 1달러로 정했다. 그의 이런 행동은 회사 직원들의 마음을 흔들었으며 순식간에 미국 자동차업계 사람들의 화젯거리가 됐다.

아이어코카는 자신의 연봉을 대폭 삭감한 뒤 다른 경영진의 연봉도 50% 삭감했다. 아이어코카가 먼저 모범을 보인 덕분에 다른 경영진도 이런 결정을 순순히 받아들였다. 사실 이런 상황은 미국 자동차업계에서 처음 있는 일이었다. 아이어코카는 직원들의 지지를 얻었을 뿐만 아니라 사회의 폭넓은 동정과 지지도 받게 됐다.

유명 스타 빌 코스비는 디트로이트까지 특별히 날아와 회사 직원들을 위해 무료 공연을 벌였다. 한 광고회사는 무상으로 크라이슬러의 텔레비전 광고를 제작해주기도 했다. 아이어코카의 노력 덕분에 파산 위기에 몰렸던 크라이슬러는 기사회생했으며 무려 칠 년을 앞당겨 모든 빚을 청산했다. 얼마 지나지 않아 사람들은 앞다퉈 크라이슬러의 주식을 사들였고 이를 바탕으로 크라이슬러는 점차 세계시장으로 진입할 수 있었다.

아이어코카는 회사가 난관을 극복할 수 있었던 비결에 대해 다음과 같이 설명했다. "함께 극복한다고 생각하면, 그 어떤 고통도 참아낼 수 있다. 다시 말해 각각의 사람이 동등하게 고난을 감당하면 조직의 단결력이 강화될 수밖에 없다." 아이어코카는 고통 분담과 인격적 격려를 통해 기울어가던 회사를 극적으로 일으켰다.

그러나 실제로는 적지 않은 리더가 사람들과의 소통에 어려움을 겪곤 한다. 러시아의 지도자였던 보리스 옐친이 바로 그런 예였다. 1991년, 소비에트 연방이 해체되고 옐친은 권력과 명성을 전부 거머쥐었다. 이듬해 초부터 옐친은 '쇼크요법'으로 러시아의 개혁을 추진하기 시작했다. 그러더니 반년 뒤에는 갑자기 방향을 바꿔 재정과 통화를 모두 긴축하던 정책을 포기했다. 그뿐만 아니라 연말에는 '쇼크요법'을 주도했던 이고르 가이다르(Yegor Gaidar) 총리서리를 해임한 뒤 급진적인 개혁을 종결했다.

이후로 아무런 경제회생 방안을 내놓지 못한 크렘린 궁과 의회가 대치하면서 러시아의 경제 국면은 점차 악화됐다. 1993년 10월, 옐친은 군대를 동원해 자신을 반대하던 의회를 진압하고 대통령에게 권력이 집중되는 새로운 헌법을 만들었다. 그리고 선거를 통해 차르로 등극했다. 어떤 의미에서 민주는 사라지고 자유만 늘어난 '신권위주의(新權威主義)'가 등장한 것이다. 그 결과 러시아 국민들은 서방식 생활과 선진제도를 누리는 대신 혼란만 떠안게 됐다.

중국의 후진타오 주석은 리더가 대중과 어떻게 소통하고 협조해야 할지에 대해 다음과 같이 말했다. "지도층은 반드시 대중 안으로 들어가야 한다. 특히 어려움에 처한 곳, 대중의 의견이 많은 곳, 일이 제대로 진행되지 않는 곳으로 가야 한다. 그곳에서 지도자와 대중이 함께 어려움을 해결하고, 갈등을 풀며, 일의 국면을 전환하려고 노력해야 한다."

리더는 많은 사람과 교류할 때 소통의 중요성을 깨닫고 진심과 성의를 다해야 하며 더불어 자신의 인격을 꾸준히 향상시켜야 한다. 이를테면 언행과 도덕적 모범, 지식 수준과 사람을 대하는 예의 등 모든 면에서 지도자로서의 매력을 풍겨야 한다. 경우에 따라서는 리더의 인격만으로도 대중을 감동시키고 설득할 수 있기 때문이다.

사람들은 각자의 입장이나 환경에 따라 저마다 다른 바람이 있으며 이를 리더가 해결해주기를 바란다. 반면 리더는 조직 구성원들이 전체적인 상황을 이해하고 어려움을 양해해주길 바란다. 바로 이 지점에서 차이가 발생하고 갈등이 일어나는 것이다. 중요한 것은 서로에 대한 이해다. 상호 이해가 서로의 거리를 좁히고, 공감대를 형성시켜 소속감과 응집력을 생기게 하기 때문이다.

친구에겐 너그럽게, 자신에겐 엄격하게

"자기가 하기 싫은 일은 남에게도 강요하지 마라."
공자

파블로 피카소가 세상을 떠나자 그의 전기와 회고록이 연이어 출간되었는데 많은 책들이 그를 독단적인데다 돈만 좋아하고 이기적인 인물이라고 평가했다. 심지어 그를 마귀나 사디스트라고 묘사한 책들도 있었다. 하지만 훗날 파리 피카소 미술관에서 이발사 에우헤니오 아리아스가 소유하고 있던 자료들이 전시되자 피카소의 또 다른 모습이 사람들에게 공개되었다. 자료들을 공개할 당시 아흔다섯 살이었던 아리아스는 피카소와 30년 우정을 나눈 친구였다. 그는 누구보다 피카소를 좋은 기억으로 간직하고 있었다.

1945년 어느 날, 프랑스 남부 도시 발로리스의 한 이발관 앞에 하얀색 소형 승용차가 멈춰 섰다. 한 남자가 차창을 내리고 고개를 내밀며 외쳤다. "아리아스, 우리가 왔네!" 그 남자는 바로 피카소였다. 피카소는 프랑스 작은 도시에서 열리는 투우 경기를 보러 갈 때면 종종 아리아스를 태우러 왔다. 그때마다 아리아스는 이발소 손님을 돌려보내고 함께 차에 올랐다.

아리아스는 1909년 스페인 마드리드에서 그리 멀지 않은 부이트라고에서 태어났지만, 프란시스코 프랑코가 독재하던 시기에 고향을 떠나 프랑스 발로리스에 정착해 평생 이발사로 살았다. 그리고 그곳에서 피카소와 친구가 됐다.

아리아스는 자신보다 스물여덟 살이나 많은 피카소를 또 다른 아버지처럼 따랐다. 피카소는 바쁜 사람이었기에 투우를 보러 가는 날이면 유난히 기분이 좋았다. 피카소는 투우장에 갈 때마다 지갑에 지폐를 잔뜩 넣어 갔는데 이는 투우장에서 일하는 직원들에게 주기 위한 것이었다. 피카소 일행은 투우 경기가 끝나고 나면 식당에 모여앉아 식사를 했으며 웨이터에게도 팁을 듬뿍 줬다.

아리아스는 피카소의 집에 자주 들르는 손님이기도 했다. 그는 피카소의 화실에서 피카소의 머리와 수염을 잘라줬다. 그럴 때마다 두 사람은 유쾌한 분위기 속에서 쉬지 않고 대화를 이어갔다. 하루는 아리아스가 자신의 집에 걸어서 오는 것을 보고 피카소가 차를 보내주기도 했다.

아리아스는 피카소의 열렬한 지지자로 누가 피카소에 대해 나쁜 말을 하면 불같이 화를 냈다. 한번은 누군가 피카소를 구두쇠라고 욕하자 아리아스가 바로 반박했다. "잘 알지도 못하면서 이미 돌아가신 분에게 그런 공격을 하는 건 유치하고 비열한 짓이오. 내가 아는 피카소는 평생 봉사와 공헌을 마다하지 않은 사람이었소."

아리아스는 몇 가지 예를 들며 피카소를 변호했다. "피카소의 대형 유화 작품 '전쟁과 평화(La Guerre et la Paix)'는 발로리스의 작은 교회를 위해 그린 것이오. 또 그가 기증한 다른 조각품 한 점으로 우리 도시는 활기를 얻게 됐소." 실제로 아리아스는 피카소에게 오십여 점의 작품을 선물로 받았다고 한다. 그 중에는 피카소의 아내 자클린의 초상화도 있었다. 아리아스는 이 그림들을 모두 국가에 기증했으며, 스페인 정부는 피카소의 고향인 부이트라고에 박물관을 건립했다.

그 박물관에는 '나의 친구 아리아스에게'란 글귀가 새겨져 있는 투우 그림이 걸려 있고, 그 아래엔 아리아스의 이발도구가 담긴 상자가 전시되어 있다. 그런데 일본의 한 수집가가 이발도구 상자를 사고 싶어 했다. 그는 아리아스에게 백지수표를 건네며 원하는 만큼 금액을 적으라고 했지만, 뜻밖에도 아리아스는 그 제의를 거절했다. "아무리 많은 돈을 줘도 피카소에 대한 나의 우정과 존경은 살 수 없소." 피카소와 아리아스는 신분과 나이의 차이를 넘어 진정한 우정을 나눴던 것이다.

유대인들에게 전해지는 또 다른 이야기가 있다. 친구 사이인 길버트와 마샤가 여행을 떠났는데, 가파른 산길을 지나던 마샤가 발을 헛디뎌 낭떠러지로 떨어질 위기에 처했다. 위기의 순간, 길버트는 재빨리 손을 뻗어 마샤의 옷을 붙잡았고 온 힘을 다해 그녀를 끌어올렸다. 마샤는 길버트가 목숨을 구해준 은혜에 감격해 길가에 있던 큰 돌에 이렇게 새겼다. '몇 년

몇 월 며칠, 길버트가 마샤의 목숨을 구했다.'

얼마 후 두 사람은 바닷가로 놀러 갔다가 사소한 일로 싸우기 시작했다. 화를 참지 못한 길버트가 마샤의 뺨을 때렸다. 마샤는 씩씩거리며 모래 위에 글을 썼다. '몇 년 몇 월 며칠, 길버트가 마샤의 뺨을 때렸다.' 이를 본 길버트는 영문을 모르겠다는 듯 마샤에게 물었다. "저번에는 돌 위에 글을 새기더니 이번엔 왜 모래 위야?" 마샤가 대답했다. "네가 내 목숨을 구해준 은혜는 영원히 기억하고 싶고, 네가 날 때린 일은 파도가 모래를 쓸고 가듯이 깨끗이 잊고 싶으니까."

마샤는 친구를 사귀면서 기억해야 할 일과 잊어야 할 일을 정확히 알고 있었다. 그러나 실제로 마샤처럼 행동할 수 있는 사람은 많지 않다. 많은 사람들이 친구의 고마움은 금세 잊어버리고, 친구가 섭섭하게 한 일은 절대 용서하지 않는다.

과거 '인종 분리 정책'이 실시되던 남아공에서는 흑인과 백인의 왕래가 제한되어 있었으며, 같은 장소에서 휴식을 취하거나 여가를 보낼 수 없었다. 한 백인 소녀는 어렸을 때부터 이런 환경에서 살아온 탓에 흑인만 보면 멀리 피하곤 했다. 그러던 어느 날, 소녀는 해변에서 일광욕을 하다 피곤해서 잠이 들었고 해가 질 무렵에야 깨어났다. 배가 고파진 소녀는 근처의 식당에 들어갔다. 그러나 아무리 기다려도 주문을 받으러 오는 직원이 없었다.

그런데 주위를 둘러보니 자신보다 늦게 온 손님들이 정성스러운 대접을 받고 있는 게 아닌가. 화가 난 소녀는 벌떡 일어나 식당 주인을 찾으려고 돌아서다 벽에 걸린 거울을 보게 됐다. 소녀는 갑자기 눈물을 흘리기 시작했다. 그날 오후 일광욕을 너무 오래 한 탓에 자신의 피부가 마치 흑인처럼 까매져 있었던 것이다. 그제야 소녀는 차별 당한다는 것이 어떤 기분인지를 깨달았다.

사람들은 남에게는 가혹하게 굴면서 자신에게는 대단히 너그럽다. 자신이 하고 싶지 않은 일을 아무렇지도 않게 남에게 한다. 어렸을 때부터 어떤 방식과 태도를 유지했다고 해서 그것이 반드시 옳은 것은 아니다. 그런데도 실제로 많은 사람들이 이런 행동을 한다. 공자도 "자기가 하기 싫은 일은 남에게도 강요하지 마라."고 하지 않았던가.

리더의 경우라면 더욱더 친구를 사귈 때 은혜를 잊지 말아야 할 것이고 원한을 품지 말아야 한다. 어떤 일을 할 때 항상 친구를 먼저 생각하고 그를 곤란하게 해서는 안 된다. 교우관계는 리더의 자격을 강화해주는 아주 중요한 요소이다. 이런 관점에서 중국의 지도자 후진타오의 말은 음미해볼 가치가 있다. "친구를 사귈 때는 신중해야 한다. 주변에서 흔히 볼 수 있는 평범한 친구, 누구에게나 모범이 되는 친구, 학식이 뛰어난 전문가 친구 등을 폭넓게 사귀어 인간관계의 폭을 넓히는 것이 좋다."

덫에 걸리지 않는 지혜

남을 해치려는 마음을 가져서도 안 되지만 남을 경계하는 마음을 버려서도 안 된다.
중국 명언

1970년대 초, 소련 정부는 서방세계의 비행기 제조업체에 놀라운 제안을 했다. 3억 달러 예산으로 제트기 생산에 관한 합작 사업을 하겠다는 것이었다. 당시 3억 달러는 천문학적인 숫자였다. 불경기에 허덕이던 서방의 회사들은 너도나도 이 엄청난 거래를 따내고 싶어 했지만, 소련이 내건 조건 때문에 고민에 빠졌다. 소련 정부가 여러 회사의 상황을 파악하기 위해 직접 인력을 보내 공장을 참관하겠다고 했기 때문이다.

이 문제로 고민을 거듭하던 미국의 보잉사는 회의를 소집했다. 몇몇 경영진은 소련이 선진기술을 도입하기 위해 공장을 참관하겠다는 것은 정상적인 일이라고 주장했다. 다른 경영진들은 소련이 진짜 원하는 것이 합작이 아니라, 참관을 빌미로 회사의 기술을 훔쳐가려는 것이라고 했다. 그들은 소련의 조건을 들어주는 순간, 회사가 큰 손실을 입을 것이라고 주장했다.

보잉사는 여러 차례의 토론 끝에 좋은 묘안을 떠올렸다. 소련에서 참관을 오기 전, 핵심기술 중의 하나인 기체를 만드는 특수합금 재료를 숨기기로 한 것이다. 이 핵심기술만 손에 쥐고 있으면 소련이 어떤 수작을 부려도 두렵지 않았기 때문이다.

회사를 지킬 방안이 결정되자 보잉사는 소련에게 합작을 하겠다는 의사를 전달했다. 소련 대표단은 약속대로 보잉사에 참관단을 파견했다. 그들은 매우 신사적으로 참관을 했으며 딱히 의심받을 행동은 하지 않았다. 잠시 후, 소련 대표단 입에서 특수합금 재료에 대한 얘기가 나오자 보잉사 직원들은 입을 꾹 다물었다. 그런데 웬일인지 소련의 참관단은 더 이상 캐묻지 않았다. 그런데 참관단이 소련으로 돌아간 뒤, 합작에 관한 아무런 소식이 없었다. 그렇다고 다른 회사와 합작이 성사됐다는 얘기도 들리지 않았다. 하지만 얼마 뒤 보잉사는 매우 놀라운 소식을 듣게 되었다.

소련 언론이 자력으로 제트기를 제작했다고 보도한 것이다. 어찌 된 영문인지 알 수 없었던 보잉사는 조사에 돌입했다. 거듭된 조사 끝에 그들은 소련 대표단이 신었던 신발이 특수 제작된 것이었다는 사실을 발견했다. 신발 밑창에 자석이 부착되어 기체를 만드는 특수합금의 가루들을 흡착한 것이다. 그들은 소련으로 돌아간 뒤, 이 금속 가루들을 분석해 핵심기술을 손에 넣은 것이다. 소련은 3억 달러의 거래를 미끼로 핵심기술을 가져온 반면, 보잉사는 안일한 대비 탓에 회사와 국가에 큰 손실을 입히고 말았다. 중국의 명언 가운데 '남을 해치려는 마음을 가져서도 안 되지만 남을 경계하는 마음을 버려서도 안 된다.'라는 말이 있다. 리더는 경쟁상대를 함정에 빠뜨려 이익을 얻으려 하지도 말고, 반대로 경쟁자의 덫에 걸려

들지도 말라는 얘기다.

1944년, 독일과 전쟁 중이던 소련군은 독일군의 시선을 돌리고 주요 공격 루트에 대한 정보를 감추기 위해 지휘관 회의를 열었다. 별다른 대책을 내놓지 못하고 회의가 진행되던 상황에서 한 소령이 불쑥 말했다. "제게 병사 서른 명과 차 서른 대만 주십시오." 소령의 말에 다른 지휘관들은 하나같이 의심의 눈초리를 보냈다. 그러나 그가 자신의 구체적인 계획을 설명하자 지휘관들은 모두 고개를 끄덕였다.

다음날 밤, 독일군의 정찰기는 스타니슬라프(Stanislav, 현재 우크라이나 안에 있는 이바노프란코프스크의 옛 지명-역주) 지역에서 조용히 움직이는 소련군을 발견했다. 이 소식을 들은 독일 지휘관은 즉각 정찰기를 탄 병사에게 명령했다. "이 부대의 동향을 면밀히 주시하고 정탐을 강화해 소련군의 병력 상황을 정확히 알아내라."

그날부터 며칠 동안 독일군은 정찰을 강화했고, 소련군이 자신들의 정찰을 피해 은밀하게 대규모 병력을 이동하고 있다고 확신했다. 독일군 지휘부는 이 소식을 듣고 지휘관들을 모아 상황을 분석하는 회의를 열었다. 긴 회의 끝에 그들은 스타니슬라프 지역이 소련군의 주요 공격 루트이며 이에 대해 집중적으로 대비해야 한다는 결론을 내렸다. 곧이어 탱크사단과 보병사단이 신속하게 스타니슬라프 지역을 방어하기 위해 이동했다. 독일군 지휘관들이 득의양양해하고 있을 때 뜻밖의 소식이 들려왔다. 소련군이 독일군의 방어선을 뚫었다는 것이다.

사실 독일이 얻은 정보는 거짓이었다. 밤마다 관찰되었던 병력 이동은 소령이 연출한 상황이었다. 그는 서른 명의 병사를 두 명씩 열다섯 개 조로 나눠 각각의 병사에게 손전등을 지급하고 차를 나눠 타게 했다. 그런 다음 기계화 부대가 야간을 틈타 한 지역으로 이동하는 것처럼 보이게 했다. 독일의 정탐기가 나타나면 그들은 하늘을 향해 손전등을 켜서 비행기의 시선을 집중시켰다.

독일의 정찰기가 떠난 뒤에도 그들은 계손 손전등을 켜고 기계화 부대가 움직이는 것처럼 행동했다. 며칠 동안 이런 작전이 이어졌다. 결국 소련군은 적의 부대 이동으로 주요 공격 루트가 약해진 틈을 타 순조롭게 독일군의 방어선을 뚫은 것이다.

경쟁상대와 맞설 때 자신의 실력이 부족하다고 쉽게 포기해서는 안 된다. 대신 다른 방법을 동원해서라도 자신을 강하게 만들어야 한다. 또한 리더는 경쟁상대와 다툴 때 상대의 입장에서 생각해 상대의 계획과 행동이 무엇일지 진지하게 예측해봐야 한다. 이렇게 상대의 생각을 헤아릴 줄 알면 자신에게 유용한 전략을 도출할 수 있다.

현대사회는 경쟁이 난무하는 시대다. 모든 이에겐 저마다 경쟁상대가 있으며 이는 리더라고 해서 예외가 아니다. 리더는 고상한 인품을 바탕으로 조직 전체를 위한 큰 그림을 볼 줄 알아야 하며, 그 구성원들의 이익에 먼저 관심을 가져야 한다. 또한 상대에게 배울 것은 배움으로써 발전하겠다는 자세를 잃지 않아야 한다. 신중한 리더는 경쟁상대가 놓을지도 모르는 덫에 걸리지 않도록 대비할 줄도 알아야 하며, 사적인 이익을 위해 다수의 이익을 희생시키는 일을 해서는 안 될 것이다.

존중은 모든 관계의 출발점

상사와 부하직원의 관계에서는 특히 원칙을 지킨다는 전제 아래 진심으로 서로를 대하고 자세를 낮춰 자신의 지위를 강조하지 말아야 한다.

1978년, 빌 크리치 장군은 미국 전략 공군 사령관에 임명됐다. 당시 이 부대의 비행기 출격률은 매우 낮은 편이었다. 필요한 장비가 제때 공급되지 않았기 때문이다. 창고에서 필요한 비행기 부품을 찾는데 무려 네 시간이 걸릴 정도였다. 하지만 1984년, 크리치 장군이 공군 전략 사령부에서 퇴역할 무렵에는 비행기의 출격률이 44%나 상승했으며 부품을 찾는 데 걸리는 시간도 평균 8분으로 줄어들었다.

그뿐만 아니라 병사들의 임무를 수행하는 자세도 한층 용맹해져 언제든 전쟁에 대비할 태세가 갖춰졌다. 더 놀라운 사실은 그 기간에 부품장비에 대한 정부예산이 더 낮아졌다는 것이다. 그렇다면 이토록 부대가 엄청나게 변화할 수 있었던 원인은 무엇일까? 바로 크리치라는 유능한 리더의 존재 덕분이었다. 크리치가 성공한 리더가 될 수 있었던 데에는 여러 가지

요소가 있었겠지만, 그중에서도 가장 중요한 점은 부하를 존중하는 자세였다. 비행기 조종병이든 후방 보급부대 병사든 한 사람 한 사람을 존중할 줄 알았다. 그의 이런 면모는 작은 사건을 통해 잘 드러난다.

크리치 장군은 서부의 한 기지에 시찰을 나갔다가 후방 보급부대의 한 병사가 낡아빠진 의자를 쓰는 모습을 보게 되었다. 의자 등 받침은 전선으로 둘둘 감겨 있고 바퀴 네 개 중 하나가 빠져 밑에 벽돌을 괴어놓고 있었다. "자넨 왜 이런 의자를 쓰고 있나?" 크리치의 물음에 병사가 대답했다. "현재 후방 병사들에게 지급될 수 있는 물품이 많지 않습니다." 그 말을 듣고 크리치가 말했다. "그 의자를 내게 주게. 새 의자로 바꿔주겠네."

크리치는 낡은 의자를 버지니아의 사령부로 가져오게 했다. 그런 다음 후방부대를 책임지는 장군을 찾아갔다. "장군에게 작은 선물을 하나 주겠네. 아주 표준적인 공군 의자인데 매우 낡았다네. 지금부터 자네는 이 의자를 쓰게. 우리가 엉망이 된 후방 보급부대를 다 정리할 때까지 말이야. 아, 대신 자네 의자는 서부 기지의 병사에게 보내주게나." 크리치는 후방부대의 모든 병사가 얼마나 중요한지를 그들 스스로 깨닫게 했다. 후방부대 병사들까지 이처럼 중시했으니, 비행기 조종병이나 다른 병사들은 말할 것도 없었다.

존중은 모든 관계가 시작되는 출발점이다. 리더와 아랫사람은 서로를 존중하고 이해하며 신뢰해야 한다. 위치와 역할의 차이에 상관없이 상대를 무시하거나 냉정하게 대해선 안 된다. 또한 리더는 개인의 취향과 상관없이 이성적이고 정확한 방식으로 아랫사람을 대해야 한다. 이것이 협력의 기본조건이다.

부하직원을 어떻게 평등하게 대할 것인가는 재계 인사들의 오랜 연구과제였다. LVMH(Louis Vuitton & Moët Hennessy)의 수장 베르나르 아르노(Bernard Arnault)도 이를 오랫동안 연구했다. 아르노는 원래 영국에서 활동하던 존 갈리아노(John Galliano)를 발탁했다. 갈리아노는 지방시의 수석 디자이너로 활동하다, 같은 그룹 소유의 크리스찬 디오르의 수석 디자이너로 임명됐다.

갈리아노는 상상력이 풍부할 뿐 아니라 새로운 스타일을 추구하고 개성이 뚜렷한 인물이었다. 그러나 그는 성격이 괴팍한데다 자신의 재능만 믿고 사람들을 무시하는 경향이 있었다.

아르노는 그의 이런 면이 마음에 들지 않았지만, 리더로서 회사에 도움이 될 것이란 판단 하에 그를 발탁한 것이다. 실제로 갈리아노는 디오르의 수석 디자이너가 된 후, 낡은 이미지에 신선한 활력을 불어넣고 패션계에 새로운 바람을 일으켰다. 갈리아노 한 사람이 디오르란 브랜드에 엄청난 공헌을 한 것이다.

아르노는 자신의 눈에 거슬리는 단점보다는 장점을 먼저 보았고, 부하직원의 재능을 인정하고 그것을 최대한 발휘할 수 있게 해주었다. 리더라면 아랫사람을 공평하게 대해야 하지만 이를 실천하기란 쉽지 않다. 사람은 저마다 개성과 취향이 있기 때문이다. 공정하게 대하려고 생각하면서도 자기도 모르게 마음에 드는 사람에겐 친절하고, 싫어하는 사람에겐 지나치게 엄격해지는 것이다.

　상사와 부하직원이 인간관계를 맺을 때는 원칙을 지킨다는 전제 아래 진심으로 서로를 대하고 적당히 자세를 낮춰 자신의 지위를 강조하지 말아야 한다. 어떤 상사는 부하직원이 조금만 실수를 해도 함부로 욕을 하며 책임을 따진다. 부하직원의 감정은 전혀 고려하지 않은 채 툭하면 명령을 내리고 내키는 대로 꾸짖어서 마음을 상하게도 한다.

　일단 서로에게 나쁜 마음이 생기면 오해가 발생하고 업무를 정상적으로 완수하는 데 영향을 준다. 그러므로 상사는 부하직원을 업무 파트너이자 서로 돕는 관계라는 사실을 명확히 해야 한다. 그래야 좋은 성과를 거둘 수 있다.

원만한 상하관계의 원칙

신뢰와 존경, 갈등 해결 능력, 이해와 배려, 이 세 가지가 좋은 관계의 비결이다.

미국의 국무장관을 지냈던 키신저는 그의 상사였던 닉슨 대통령과 돈독한 관계를 유지했다. 우리는 키신저의 처세를 통해 관계의 지혜를 배울 수 있다. 사실 키신저는 닉슨을 매우 싫어했다. 심지어 닉슨이 공화당 대통령 후보로 지명되기 하루 전까지도 키신저는 줄기차게 닉슨을 공격하며 다른 후보의 선거 운동을 했다. 어떤 기자가 닉슨이 대통령에 당선되면 어떻겠냐고 질문하자 "황당무계한 말이로군요."라고 받아쳤다. 결국 닉슨이 대통령 후보가 되자 키신저는 노발대발하며 "저 자식은 미국을 통치할 자격이 없어!"라고 외치기도 했다.

그럼에도 불구하고 키신저는 닉슨의 임기 동안 백악관 국가안전보장회의에서 큰 권력을 휘둘렀다. 그는 닉슨 대통령과 친밀한 관계를 유지했을 뿐만 아니라 닉슨의 '정신적 유모'가 되어 그의 판단에 지대한 영향을 미쳤다. 닉슨이 정책을 결정하는 데 있어 키신저만큼 큰 영향을 끼친 사람은 없었다. 어떻게 이런 일이 일어났을까? 키신저가 가능한 모든 방법을 동원해 닉슨의 신임을 얻었기 때문이다.

키신저는 세 번의 경선 내내 닉슨의 극렬 반대파로 활동했지만, 막상 닉슨이 대통령에 당선되자 백악관 국가안전보장회의의 사무국장에 임명됐다. 키신저는 자신을 기용한 그의 패기에 감탄과 존경을 금치 못했다. 그만큼 키신저는 닉슨의 은혜에 보답하기 위해 최선을 다했고 덕분에 그의 신임도 함께 얻을 수 있었다.

대통령을 보좌하게 됐을 당시 키신저는 자신이 해야 할 일이 무엇인지를 분명히 알았다. 이에 대해 그는 다음과 같이 말했다. "첫째, 나는 대통령이 결정을 내릴 수 있도록 가능한 넓은 선택의 범위를 제공해야 한다. 둘째, 대통령이 일단 결정을 내리면 나는 그의 의도에 따라 철저히 집행해야 한다. 셋째, 대통령이 내게 의견을 물었을 때 나는 다양한 자문을 해줄 수 있어야 한다, 나의 직책은 대통령에게 많은 선택의 기회를 제공하는 일이다. 나는 한 사람 한 사람의 의견을 대통령에게 들려줘야 하며 대통령이 고민할 문서의 원본에 어떤 수정도 가하지 않을 것이다. 또한 나는 모든 방법을 동원해 다양한 선택과 의견을 취합해 하나로 정리할 것이다. 물론 나 역시 자신의 판단을 대통령에게 제시해야겠지만 어디까지나 공정한 판단만을 이야기할 것이다."

이는 키신저의 직무였을 뿐 아니라, 닉슨과 좋은 관계를 유지할 수 있었던 원칙이자 지혜였다. 키신저는 신임을 얻은 후에도 닉슨을 매우 공손한 태도로 대했다. 그는 닉슨에게 전화를 걸 때면 주변에 사람이 있든 없든 항상 정중한 자세와 표정을 유지했다. 이 외에도 키신저는 닉슨에 대한 오해를 풀기 위해 노력했다.

1970년대 키신저는 국제적으로 명성을 얻은 유명인사가 됐다. 심지어 한동안은 미국 텔레비전을 켜면 매일 저녁 뉴스에 키신저가 등장할 정도였다. 출중한 외교능력과 비범한 재능, 놀랄만한 배짱 등으로 키신저는 많은 사람에게 인기를 끌었다. 키신저에게만 쏟아지는 이러한 칭찬들이 백악관 입장에서 좋게 보일 리 없었다. 몇몇 사람들은 키신저가 모든 공을 본인에게 돌렸다고 생각했다.

그러나 이런 오해가 풀리기도 전에 또 다른 오해가 발생했다. 키신저는 이탈리아의 유명 여기자 오리아나 팔라치와 인터뷰를 하게 됐다. 팔라치는 국제적인 명성이 있는 기자로 수많은 위대한 인물을 인터뷰해왔다. 당시 그녀와 인터뷰를 한다는 것은 이제 막 이름을 알린 키신저에게는 여간 영광스러운 일이 아니었다. 그러나 결과적으로 그 인터뷰 때문에 키신저는 큰 손해를 보았다.

훗날 키신저는 그 인터뷰에 대해 이렇게 말했다. "그녀는 내 말에 괴상한 말을 덧붙여 엉뚱한 이야기를 만들어버렸다. 그녀와의 인터뷰는 내 공직 생애 중 가장 멍청한 짓이었다."

당시 팔라치는 그의 인기 비결에 대해 물었는데 키신저는 순진하게도 하지 말았어야 할 말을 내뱉고 말았다. "미국인은 카우보이를 좋아합니다. 말을 타고 혼자 이 마을 저 마을로 다니는 거죠. 제겐 이런 낭만적인 성격이 있다고 생각합니다. 저는 줄곧 혼자 일하는 스타일을 고수해왔거든요.

어쩌면 저의 노하우라고도 할 수 있겠죠."

이 발언은 닉슨과 주변 사람들의 마음을 상하게 했다. 많은 사람들이 키신저가 고의로 자신의 역할을 과장해서 말했다고 믿었다. 이 문제의 심각성을 깨달은 키신저는 그 이후 외부 언론에 발표할 때 신중을 기했으며 가능한 객관성을 유지하려고 애썼다. 훗날 키신저는 닉슨에 대해 다음과 같이 평가했다.

'자신의 목적을 실현하기 위해 운명은 얼마나 특이한 수단을 선택하는가! 성공의 순간 더 외로웠고 어떤 일에 있어선 명분이 적었지만 그럼에도 그는 우리 국가가 역사적으로 가장 어려웠던 시기를 이끌어왔다. 그는 해결하기 어려운 고독 속에서 미국의 엄중한 분열의 시기를 지나왔다. 그 속에서도 그는 밝은 미래를 보았는데 이는 아주 적은 수의 정치가만이 누릴 수 있는 태도이다.'

키신저가 닉슨과 돈독한 사이를 유지할 수 있었던 또 다른 비결은 상대를 잘 관찰해 그의 성격과 스타일, 생활습관, 특히 복잡한 심리상태를 잘 파악했기 때문이다. 키신저는 대통령이 어떤 사람인지를 잘 알아야 그를 위해 더 나은 봉사를 할 수 있다는 믿음을 갖고 있었다.

키신저가 발견한 닉슨의 특징은 매사에 과감하다는 것이었다. 그에 대해 키신저는 다음과 같이 말한 바 있다. "닉슨은 대통령 임기 동안 어떤 결정을 하든 용감하고 결연했으며 다른 전문가의 의견에 흔들리지 않고 자신만의 길을 갔다. 물론 그렇다고 그가 늘 독단적인 결정을 한 것은 아니다. 그는 가능한 회의록을 꼼꼼히 살핀 뒤 혼자 혹은 가까운 보좌관들과 함께 이런 결정을 내렸다. 그러나 그는 자신과 의견이 다른 동료를 대하길 꺼렸으며 그의 의견에 동의하지 않는 친구를 좋아하지 않았다."

키신저가 상사인 닉슨과 원만한 관계를 맺을 수 있었던 비결은 다음의 세 가지로 정리할 수 있다. 첫째, 상대의 신임을 얻은 동시에 상대에게 매우 공손했다. 둘째, 서로 간의 갈등과 오해를 잘 해결할 줄 알았다. 셋째, 상대를 잘 관찰하고 이해해 일을 처리할 줄 알았다. 이렇게 상사와 좋은 관계를 유지할 줄 알았던 키신저의 삶 속에서 지혜를 얻어야 할 것이다.

― TOP LEADER ―

9

소통

소통은 물처럼 흐르는 것이다

사람의 감정에 호소하라

생동감 있고 마음을 움직이는 말을 사용하면 짧은 몇 마디로도 몇 배의 효과를 거둘 수 있다.

윈스턴 처칠은 생동감 넘치며 마음을 움직이는 표현으로 사람들과 소통할 줄 아는 리더였다. 제2차 세계대전 당시 영국의 수상이 된 그는 매우 의미 있는 연설을 한 적이 있다.

"생사의 갈림길에 선 이때에 여러분께 할 말이 있습니다. 우리에게는 딱히 내어놓을 것이 없습니다. 뜨거운 피와 고된 노력, 눈물과 땀밖에는 가진 것이 없으니까요. 지금 우리 앞에는 몹시 고통스럽고 가혹한 시험이 기다리고 있습니다. 얼마나 길고 험난한 전투와 세월을 보내야 할지 알 수 없습니다. 아마 여러분은 제게 물으실 겁니다. 우리의 정책은 무엇인가?

제가 감히 말하건대 우리의 정책은 바로 신이 우리에게 주신 힘을 다 쏟아 부어 바다와 육지, 공중에서 전쟁을 벌이는 겁니다. 인류의 어둡고 비참한 죄악의 역사 속에서도 이처럼 극악무도한 폭정이 계속된 전쟁은 없었습니다. 어떤 일이 있더라도 우리는 끝까지 투항하지 않을 겁니다. 이것이 바로 우리의 정책입니다. 승리! 어떤 대가를 치르더라도 승리할 겁니다. 아무리 두렵다 해도 승리할 겁니다.

제아무리 갈 길이 멀고 험난하다 해도 승리할 겁니다. 승리가 없다면 살아남을 수도 없고, 영국과 영국을 대표하는 모든 것이 사라질 테니까요. 이 세대가 자신의 목표를 향해 용감히 전진하게 할 수도 없을 겁니다. …… 저는 분명히 믿습니다. 사람들이 우리에게 실패할 일을 맡기지는 않았을 것이라고 말입니다. 바로 이 순간, 저는 여러분 모두에게 지지를 요청하고 싶습니다. 또한 저는 지금 이렇게 말하겠습니다. 오라, 함께 힘을 모아 앞으로 나아가자!"

이 연설로 처칠은 모든 영국인의 피를 들끓게 했으며 영국 군인들을 크게 격려하고 고무시켰다. 케네디 대통령도 처칠의 연설에 대해 다음과 같이 높은 평가를 내렸다. "처칠은 말로써 사람들을 전투에 나서게 했다." 호주의 전(前) 총리인 로버트 멘지스도 처칠의 연설에 대해 다음과 같이 언급한 바 있다. "처칠은 다른 사람들을 감동시키려면 먼저 자신을 감동시켜야 한다는 사실을 잘 알고 있다."

1946년 3월 5일, 처칠은 미국 방문 기간에 '평화의 원동력(Sinews of Peace)' 이란 제목으로 연설했다. 당시 트루먼 대통령은 처칠에게 연설을 부탁하기 위해 공을 들였다고 한다. 유명한 반공투사인 처칠을 이용해 중요한 현안을 해결하려 한 것이다. 이에 화답하듯 처칠은 연설 중에 소련에 대해 대대적으로 공격을 가했다.

"발트해부터 아드리아해까지 이미 유럽 대륙을 가로지르는 철의 장막(Iron Curtain)이 쳐져 있습니다. 이 장막 뒤에는 모든 중유럽과 동유럽의 오랜 역사를 가진 나라의 수도들인 바르샤바, 베를린, 프라하, 빈, 부다페스트, 베오그라드, 부쿠레슈티, 소피아가 자리 잡고 있습니다. 이 유명한 도시와 주변의 인구는 모두 소련 세력의 범위 안에 있지요. 그들은 이런저런 방식으로 소련의 영향을 받을 뿐만 아니라 갈수록 커지는 모스크바의 통제를 받고 있습니다." 또한 처칠은 철의 장막 밖에는 공산당의 '제5열'이 기독교 문명에 심각한 도발과 위험을 가하고 있다고 지적하기도 했다.

처칠의 이 연설은 즉각 국제사회의 관심을 집중시켰다. 국제 여론이 시끄러워지자 미국에서는 소련의 확장과 위협에 대한 논조가 대중매체를 장악했다. 처칠의 연설은 미국을 대표로 하는 서방세계와 소련을 대표로 하는 사회주의 진영 사이에 '냉전'의 서곡을 울렸다. '철의 장막'이란 표현은 사실 처칠이 먼저 사용한 단어가 아니지만, 그가 사용하면서 전후 동서방의 대치를 가리키는 고유명사가 됐다.

다른 사람과의 소통을 통해 협조를 구할 때, 감정에 호소해 사람의 마음을 울리는 것은 승리의 중요한 수단이자 위기를 해결하는 효과적인 방법이기도 하다. 링컨 대통령은 가난한 구두장이 가정에서 태어났는데 그의 부모는 영국 이민자의 후예였다. 링컨이 아홉 살 되던 해, 어머니가 세상을 떠났고 그는 청소년 시기부터 뱃사공, 농장 일꾼, 가게 점원, 목수 등 다양한 직업을 전전했다.

1860년, 링컨은 민주당의 스티븐 더글러스와 함께 대통령 후보가 됐다. 더글러스는 대부호로 막대한 부를 자랑하는 인물이었다. 그는 자신을 알리기 위해 매우 호화스러운 차를 마련해 뒤에 대포를 싣고 도착하는 곳마다 서른 발의 예포를 쐈다. 이뿐 아니라 그는 자신의 전용 음악단을 고용해 지나가는 곳마다 음악 소리가 끊이지 않게 했다. 심지어 더글러스는 치졸한 말을 하는 것도 서슴지 않았다. "그 시골뜨기에게서 귀족의 향기가 나는지 한번 맡아보시오." 그가 말하는 시골뜨기가 바로 링컨이었다.

  출신이 좋지 않았던 링컨은 직접 기차표를 사서 열차를 탔고 매 정거장에 내릴 때마다 그의 친구들이 마차를 준비해야 했다. 더글러스의 강한 도전에도 링컨은 반격하지 않았다. 그저 소박하고 친근하게 사람들에게 다가갔다. 그는 한 연설에서 이런 말을 했다.
  "누군가 제게 재산이 얼마나 있느냐고 묻더군요. 제게는 아내와 아들 셋이 있는데 그들이야말로 무엇과도 바꿀 수 없는 보물이랍니다. 그리고 빌려 쓰는 사무실이 하나 있는데 그곳엔 책상 하나와 의자 세 개, 벽 모퉁이에 큰 책꽂이가 있습니다. 책꽂이의 책은 미국인들이 한번쯤 읽어볼 만한 것들이지요. 저는 가난하고 마른데다 얼굴도 길어 신수가 훤하지는 않습니다. 사실 어디 기댈 데도 없고요. 유일하게 기댈 수 있는 사람들이 있다면 바로 여러분입니다."
  링컨은 연설 중에 자신의 비전을 대단한 것인 양 과장해서 말하지 않았으며 엄청난 재산이나 업적이 있다고 속이지도 않았다. 대신 그는 솔직하고 평범하게 아내와 세 아들이 있다고 말했다. 세상에 아내와 아이들이 없는 집이 어디 있겠는가. 그의 이 말은 사람들과의 거리를 확실히 좁혀줬다. 또한 그는 자신의 사무실이 빌린 것이며 안에 있는 가구들 역시 소박하다고 말했다. 또한 모든 미국인이 한번쯤 읽어볼 만한 책이 있다고 강조했다. 매우 평범하면서도 사람의 마음을 움직이는 말로 자신이 얼마나 성실하고 청렴하며 학식이 있는 사람인가를 드러낸 것이다.

이렇게 국민들의 마음속에는 완벽한 대통령의 이미지가 그려졌다. 링컨은 어디에도 기댈 곳이 없으며 오직 기댈 대상은 당신들뿐이라고 말함으로써 사람들과의 거리를 줄이고 동질감을 느끼게 했다. 결국 링컨은 인간미 있으면서도 논리적인 연설로 승리를 거두고 미국의 제16대 대통령이 됐다.

감정에 호소해 사람의 마음을 움직이는 리더가 되려면 우선 성심성의껏 타인과 소통해야 한다. 또한 갈등의 원인이 무엇인지 깊이 있게 이해하고 타인의 고난에 진심 어린 관심을 보여야 한다.

마지막으로 타인을 존중하고 서로의 공감대를 찾아야 한다. 다른 사람과 만날 때 서로의 심리적 공감대를 찾아내면 훨씬 원활하게 소통할 수 있다. 이렇게 공감대를 찾는 방법도 중요하지만, 보다 적극적으로 공감대를 만들 필요도 있음을 알아야 한다.

리더가 생동감 있고 마음을 움직이는 말을 사용하면 짧은 몇 마디로도 몇 배의 효과를 거둘 수 있다. 말하는 방법을 잘 다듬어 유머러스하고 신선한 느낌을 주는 것이 좋다. 소통에 능한 리더는 어려운 언어나 복잡한 수사를 쓰지 않는다. 명쾌하면서도 익숙하고 친근한 말을 사용한다. 그래야만 듣는 사람들에 대한 파급력이 커진다.

유머는 사람 사이를 좁혀준다

유머는 정신적 쾌감을 느끼게 해준다. 그 결과 사람들과의 관계가 부드러워지고 부정적 감정이 사라진다.

미국의 대통령이었던 링컨은 유머에 관해서도 재능을 가진 리더였다. 한번은 그가 연설하던 도중 쪽지 한 장을 건네받게 됐는데, 거긴 두 글자 '바보'라고 적혀 있었다. 이를 본 링컨은 아무렇지도 않게 사람들에게 이 쪽지를 보여주며 말했다. "제가 수많은 익명의 편지를 받아봤지만 이렇게 내용도 없이 서명만 있는 경우는 처음이군요." 그의 말에 단상 아래 있던 사람들은 모두 배꼽을 잡고 웃었다.

또 다른 일화도 있다. 링컨은 "어느 지역의 세무 주임이 막 세상을 떠났는데 제가 그 자리에 앉아도 될까요?"란 부하의 전화를 받았다고 한다. 링컨은 직접적으로 허락하거나 거절하기 애매해 이렇게 대답했다. "만약 장의사가 반대하지 않는다면 나도 반대하지 않네." 대통령의 말을 들은 부하는 민망한 듯 인사말 몇 마디만 건네다 전화를 끊었다. 링컨 대통령은 이처럼 유머라는 표현방식을 통해 곤란한 상황에서 쉽게 벗어났으며 민감한 화제를 피할 줄 알았다.

또 다른 미국 대통령 존 애덤스(John Adams) 역시 링컨과 비슷한 상황에 처한 적이 있다. 당시 애덤스는 대통령 경선 중에 공화당 정치인의 공격을 받게 됐다. 애덤스가 자신의 동료인 윌리엄 핑크니(William Pinkney)를 영국에 보내 미녀 네 명을 데려온 후, 둘은 자신의 정부로 삼고 둘은 핑크니에게 넘겨줬다는 의혹 때문이었다. 이런 의혹은 경선에 상당한 악영향을 줄 수 있었지만, 이 말을 들은 애덤스는 하하하 소리 내어 웃으며 "만약 그 말이 사실이라면 핑크니가 제게 숨기고 혼자 독차지한 모양입니다."라고 말했다.

유머는 소통하는 양자의 거리를 가깝게 해 상대적으로 가볍고 친근한 분위기를 만들어준다. 서로 소통하고 협조하는 과정에서 리더가 적당한 유머를 구사할 줄 알면 자신에게나 상사 혹은 부하 모두로부터 효과적인 협조를 이끌어낼 수 있다. 유머는 업무에 활기와 적극성을 부여하고, 곤란한 문제를 해결하는데 도움을 준다. 뿐만 아니라 불필요한 문제를 피할 수 있게 해준다.

영국의 수상 처칠도 유머감각이 뛰어난 사람이었다. 그가 프랑스의 포도농장을 방문하게 됐는데 농장 주인이 1870년산 포도주를 꺼내 따라줬다. 포도주와 함께 식사를 마친 처칠은 VIP 방명록에 다음과 같이 적었다. '1870년 프랑스의 무기는 그리 잘 팔리지 않았지만, 프랑스 양조업은 최고의 한 해였던 게 분명하다.'

언젠가 처칠이 미국을 방문했을 때 한 미국 여성의원이 그에게 말했다. "만약 내가 당신의 아내였다면 당신이 마시는 커피에 독약을 탔을 거예요." 이 말을 들은 처칠은 오히려 미소를 띠며 대꾸했다. "내가 만약 의원님의 남편이었다면 그 커피를 단숨에 마셨을 겁니다."

어떤 영국 여성은 처칠에게 다음과 같은 질문은 던진 적이 있다. "미스터 처칠, 당신이 연설을 할 때마다 사람들이 모여드는 것을 보면 흥분되지 않나요?" 그 말에 처칠은 담담하게 대답했다. "칭찬해주셔서 감사합니다. 하지만 그런 기분이 들 때마다 저는 속으로 이렇게 생각하죠. 만약 내가 연설을 하는 것이 아니라 교수형을 당하게 된다면 이보다 몇 배는 많은 사람이 모였을 것이다."

영국의 작가 조지 버나드 쇼는 신랄한 유머로 정평이 난 사람이었다. 그런 그가 처칠에게 연극표 두 장을 보내며 그 위에 짧은 글귀를 남겼다. '친애하는 윈스턴 각하, 연극표 두 장을 보내드리니 각하의 친구와 함께 제 작품 〈피그말리온〉의 초연을 보러 와주십시오. 각하 같은 분도 친구가 있다면요.' 이 글을 본 처칠은 즉각 버나드 쇼에게 쪽지를 써 보냈다.

'친애하는 버나드 쇼 선생, 연극표를 보내주셔서 감사합니다. 저와 제 친구는 선약이 있어서 선생의 연극 초연에는 가지 못할 것 같습니다. 하지만 두 번째 공연에는 반드시 가겠습니다. 선생의 연극에 두 번째 공연이 있다면요.'

처칠이 보수당 회의에 참여했을 때 보수당원 윌리엄 존슨 힉스가 연설하게 됐다. 그런데 한창 연설을 하던 중 힉스는 자신의 의견에 동의하지 못하겠다는 듯 고개를 절레절레 흔드는 처칠을 발견했다. 이에 화가 난 힉스가 말했다. "존경하는 의원님, 전 다만 제 의견을 발표하고 있다는 걸 알려 드리고 싶군요." 그 말을 들은 처칠도 바로 대답을 했다. "저도 연설자에게 그저 제 고개를 흔들었을 뿐이라고 알려 드리고 싶군요."

처칠이 보수당을 탈당하고 자유당에 가입하려 하자 그를 반대하는 젊은 여성이 말했다. "처칠 선생님, 전 당신의 두 가지 점을 매우 싫어합니다." 처칠은 침착하게 물었다. "그게 뭔가요, 부인?" 여성은 작심한 듯 대답했다. "바로 당신이 실시할 새로운 정책과 입가의 수염이죠!" 처칠은 매우 정중하게 대답했다. "그것이라면 크게 신경 쓰지 않으셔도 될 것 같습니다. 어차피 부인은 그 둘 중 어느 것도 쉽게 접할 일이 없을 테니까요."

유머는 유쾌한 방식을 통해 다른 사람이 정신적 쾌감을 느낄 수 있게 하는 것이다. 유머는 많은 사람을 웃게 만들 뿐 아니라 사람들과의 관계를 부드럽게 하고 부정적 감정을 사라지게 한다. 또한 사회의 폐해를 교정하는 방향으로 공공의식을 높이기도 한다.

대중과 소통하고 협조해야 할 때 융통성 없이 규칙만 내세우면 절대로 문제가 해결되지 않는다. 소통을 하는 과정에서 유머를 구사하면 까다로운 문제들도 쉽게 해결된다. 상사나 부하와의 관계에서도 마찬가지다. 유머는 어려운 문제를 해결하는 동시에 서로의 거리를 가깝게 해 업무 효율성을 높여준다.

자신만의 대화기술이 필요하다

대화의 기술을 잘 알고 있는 사람이 누구보다 쉽게 성공을 거머쥔다.

소련의 지도자 스탈린은 말년에 자신의 의견에 반대하는 것을 용납하지 못했다. 제2차 세계대전 당시 많은 부하가 이 문제로 고생했으며 어떤 이는 자신의 의견을 말하다 쫓겨나기까지 했다. 그러나 딱 한 사람 알렉산드르 바실리예프스키(Aleksandr Mikhaylovich Vasilevsky)만은 예외였다. 그는 자신의 정확한 작전계획을 스탈린이 수용하게 했다. 그의 비법 중 하나는 스탈린이 휴식을 취할 때 대수롭지 않은 말처럼 자신의 의견을 전하는 것이었다.

바실리예프스키는 스탈린의 집무실에서 종종 별 뜻이 없는 척 군사문제를 논하곤 했는데 스탈린은 이와 같은 일상적인 대화 속에서 깨달음을 얻었다. 집무실에 혼자 남게 되면 스탈린은 바실리예프스키가 던진 말을 바탕으로 좋은 계획을 만들어내고 얼마 뒤 군사회의에서 이 계획들을 발표했다. 그뿐 아니라 바실리예프스키는 대화를 하다 일부러 실수를 했고 스탈린이 이를 바로 잡아주면 그의 영민함을 칭송했다. 때로는 자신이 가장 중요하게 생각하는 문제를 얼버무리듯 스탈린에게 전했는데 그러면 스탈린이 이를 완벽한 전략 계획으로 탈바꿈시키곤 했다.

바로 이런 무심한 대화 방법으로 바실리예프스키는 리더인 스탈린에게 자극을 주어 자신의 뜻을 관철시켰다. 때로는 스탈린 본인조차 그런 생각들이 자신의 머리에서 나온 것이라 착각하기도 했다. 이는 우회적인 방식으로 리더에게 영향을 준 성공적인 사례라고 할 수 있다. 부하가 리더의 좋은 책략가가 되고 싶다면 자신의 의견이나 건의를 절묘하게 표현할 줄 알아야 한다. 바실리예프스키가 스탈린과 이처럼 순조롭게 소통할 수 있었던 중요한 이유는 자신만의 독특한 소통의 기술이 있었기 때문이다.

소련의 정치가였던 레오니트 브레주네프(Leonid Brezhnev)도 그런 인물이었다. 닉슨 대통령의 눈에 브레주네프는 융통성도 없고 냉정하기만 한 사람이었다. 그는 레닌처럼 뛰어난 지혜나 정치적 수완도 없고, 스탈린처럼 강한 의지나 권력욕도 없었기 때문이다. 그렇다고 흐루시초프처럼 자신만의 가치관이 뚜렷하거나 개혁에 대한 남다른 영감이나 패기가 있는 것도 아니었다. 하지만 서유럽 대표단을 접견하게 됐을 때 브레주네프는 뜻밖의 유머감각을 선보였다.

누군가 소련이 속한 바르샤바 조약기구의 무기 수량이 미국이 속한 북대서양 조약기구를 훨씬 넘어섰다며 미국이 이를 염려한다고 하자 다음과 같이 말했던 것이다. "미국 정부의 뜻은 잘 알고 있습니다. 이런 상황을 보고 있자니 서유럽의 유머 하나가 생각나는군요. 한 어머니가 딸이 어린 나이에 연애를 한다며 자기 친구에게 씩씩거리며 불평했다죠. 이제 겨우 열여섯 살 먹은 계집애가 남자친구를 사귀더니 세상에 엄마의 서른두 살 생일도 잊어버렸다니까!"

언젠가 브레주네프가 닉슨 대통령에게 다음과 같은 이야기를 한 적도 있다. "옛날에 한 농부가 외진 시골마을을 향해 걷고 있었습니다. 그는 방향은 알고 있었지만 도착하는 곳까지의 거리는 몰랐죠. 한참을 걷다 벚나무 숲을 지나게 됐는데 웬 나이 든 나무꾼이 보이는 겁니다. 그래서 농부는 나무꾼에게 그곳까지 거리가 얼마나 되는지 물었죠. 그랬더니 나무꾼이 모르겠다고 하는 겁니다. 농부는 하는 수 없이 걸음을 옮겼죠. 그렇게 몇 발짝 걸었을까? 갑자기 뒤에서 나무꾼이 외치는 겁니다. '15분만 더 걸어가면 되겠소!' 농부는 매우 의아하다는 듯 돌아보며 물었지요. '그럼 조금 전에는 왜 알려주지 않았소?' 그러자 나무꾼이 '조금 전까지는 정말 몰랐소이다. 당신의 보폭을 먼저 봐야 했으니까 말이요.'라고 느릿느릿 대답했다더군요."

이 말을 들은 닉슨 대통령은 바로 브레주네프의 의도를 눈치 챌 수 있었다. 브레주네프는 자신을 나무꾼으로 닉슨을 농부로 비유해 협상 과정에서 닉슨이 무엇을 먼저 내놓을지 보려 한 것이다. 브레주네프의 대화기술이 얼마나 뛰어났는지는 이런 몇 가지 사례만 봐도 쉽게 알 수 있다. 그는 이런 독특한 방식으로 닉슨과의 소통을 더 순조롭게 만들었으며 상대가 신속하고 명확하게 자신의 의도를 파악할 수 있게 했다.

미국에서 의자를 판매하는 회사의 사장인 애덤슨은 언변이 뛰어난 리더였다. 언젠가 미국 코닥필름의 설립자 조지 이스트먼이 거액을 들여 음악당과 기념관, 극장을 짓기로 한 일이 있었다. 이 소식이 알려지자 수많은 상인들이 이 건물 안에 들어갈 의자를 판매하려고 앞다퉈 이스트먼을 찾아왔다. 그러나 그 누구도 이 거래를 따내지 못했다. 애덤슨 역시 이 어마어마한 거래를 성사시키고 싶어 이스트먼을 찾아갔다.

이스트먼의 사무실을 찾은 애덤슨은 마침 이스트먼이 문서를 산더미처럼 쌓아놓고 열심히 업무에 집중하는 모습을 보게 됐다. 애덤슨은 그를 귀찮게 하는 대신 조용히 서서 사무실 안을 찬찬히 둘러봤다. 잠시 후 이스트먼이 고개를 들고 애덤슨을 보며 물었다. "무슨 일로 오셨죠?" 애덤슨은 의자 이야기를 하는 대신 사무실 안 인테리어에 대해 말하기 시작했다. "방금 여기 서서 보니 사무실이 대단합니다. 특히 목재가 끝내주는군요. 제가 본 사무실 중 가장 세심하게 인테리어를 한 방입니다."

이스트먼은 빙그레 미소를 지으며 대답했다. "이 사무실은 제가 직접 설계했답니다. 막 인테리어를 끝냈을 때 아주 신이 났었죠." 애덤슨은 벽으로 다가가더니 이렇게 말했다. "이건 영국의 떡갈나무 같군요. 이탈리아 떡갈나무라면 이렇게 나올 수 없죠." 그 말에 이스트먼은 뛸 듯이 기뻐하며 말했다. "맞습니다. 그건 바로 영국에서 들여온 떡갈나무랍니다. 전문적으로 가구를 만드는 회사에 있는 친구가 저 대신 영국까지 가서 특별히 들여온 거죠." 이스트먼은 신이 난 듯 애덤슨에게 사무실 인테리어에 대해 이것저것 자세히 소개하기 시작했다. 나무의 재질에서부터 비율과 색깔의 조화, 손기술과 가격까지 별별 이야기가 다 오갔다.

거래 대신 사무실 이야기만 실컷 나눈 애덤슨은 이스트먼과 인사를 나누고 자리에서 일어났다. 그러나 이 거래는 결국 애덤슨의 차지가 됐다. 그뿐만 아니라 그는 엄청난 규모의 주문서와 함께 이스트먼이란 친구를 사귈 수 있었다.

애덤슨은 대화의 기술을 잘 알고 있었기에 누구보다 쉽게 성공을 거머쥘 수 있었다. 그는 거래에 대한 직접적 언급을 피하고 이스트먼의 관심사를 화제로 대화를 시작했다. 이는 이스트먼의 자존심을 세워주는 일이었을 뿐만 아니라 자신의 가치를 알아주는 친구가 있다는 느낌을 주기에 충분했다. 거래가 성사된 것은 어찌 보면 당연한 일이다.

앞서 소개한 여러 사례를 통해 우리는 그들이 자신만의 특별한 방식으로 자기 의사를 표현했음을 알 수 있다. 또한 그들은 이런 방식을 통해 자신이 원하는 바를 상대가 받아들이게 했다. 리더는 더 효과적인 소통을 위해 이런 기술을 배워야만 한다.

분명한 논리로 설득하라

많은 사람과 소통할 때 필요한 것은 강압과 힘이 아니다. 평등한 태도와 친근한 어투다.

링컨은 바른 이치를 활용해 상대를 설득할 줄 알았기에 더 쉽게 성공에 이를 수 있었다. 이에 대해 그는 다음과 같은 말을 남겼다. "사람들의 행동에 영향을 주고 싶다면 선한 의도로 따뜻하게 설득할 줄 알아야 한다. …… 상대를 자기 마음대로 좌지우지하거나 멀리하고 하찮게 여기면 상대는 움츠러들 수밖에 없다. 그럴 경우, 상대는 소통의 모든 통로를 막아버릴 것이다. 그러면 아무리 옳은 일을 한다 해도 상대에게 가까이 다가갈 수 없다. 지푸라기로 딱딱한 거북이 등껍질을 뚫을 수 없는 것처럼 말이다."

한번은 링컨이 내전을 지원하기 위해 재무부 장관 샐먼 체이스(Salmon P. Chase)에게 법정 화폐를 찍어내자고 설득한 일이 있었다. 하지만 체이스는 이것이 헌법에 위배되는 일이라며 거절했다. 링컨은 체이스에게 명령을 내릴 수도 있었지만 그렇게 하는 대신 이야기 하나를 들려줬다.

"어느 이탈리아 선장의 배가 암초에 부딪쳐 배 밑에 구멍이 하나 났네. 선장은 선원에게 물을 퍼내라고 다급히 명령했지. 하지만 그 선원은 성모 마리아 상을 붙잡고 기도하기에 바빴어. 배에 점점 물이 차오르는 걸 본 선장은 화가 나서 성모 마리아 상을 바닥에 던져버렸다네. 그런데 뜻밖에도 성모 마리아 상이 구멍을 막아버린 거야. 덕분에 배는 안전하게 항구로 돌아올 수 있었지."

링컨의 말을 들은 체이스는 그 이야기에 담긴 숨은 뜻을 정확히 이해했다. 링컨은 다시 말했다. "지금 난 성모 마리아 상을 던질 생각이네. 이 성모 마리아 상은 바로 우리의 헌법이지. 선장이 구멍을 막았던 것처럼 그렇게 해서라도 나라를 구할 수 있다면 난 위법이라도 저지를 생각이네." 결국 체이스는 링컨의 제안을 받아들였다. 그의 뛰어난 설득의 기술은 큰 성공으로 이어졌고 덕분에 북부 사람들은 그의 깃발 아래 단결해 내전에서 승리할 수 있었다.

리더가 많은 사람과 소통할 때 필요한 것은 강압과 힘이 아니다. 평등한 태도와 친근한 어투로 다가가 그들의 협조를 얻어야 한다. 러시아의 10월 혁명이 승리로 끝났을 무렵, 수많은 농민이 모스크바로 몰려들어 차르가 살던 궁을 불태워버리려 했다. 이 사실을 알게 된 레닌은 직접 나서서 흥분한 농민들에게 말했다. "궁은 불태워도 좋습니다. 하지만 그에 앞서 제가 먼저 몇 마디만 해도 되겠습니까?"

"좋습니다." 농민들의 대답에 레닌이 물었다. "차르의 궁은 누가 지은 겁니까?" "우리가 지은 겁니다!" "우리가 지은 궁전에 차르를 살게 하는 대신 우리의 대표가 살게 하는 건 어떻겠습니까?" 레닌의 제의에 농민들은 한목소리로 대답했다. "좋습니다!"

레닌은 짧은 말 몇 마디로 고집스러운 대중을 설득했다. 이처럼 소통의 기술은 매우 중요하다. 특히 리더는 권력이 아닌 모두 이들이 수용할 수 있는 분명한 이치로 사람들을 설득해야 한다. 이는 리더가 갖춰야 할 소통과 협조의 기본적 자질이다.

핵심을 놓치지 마라

상대가 가장 관심 있어 하는 문제가 무엇인지 깊이 이해하고, 거기에 딱 맞는 해결방법을 제시하면 백전백승이다.

중동 지역 중에서도 석유 생산 비중이 높은 사우디아라비아의 석유채굴권을 장악한 회사는 미국의 '스탠더드 오일 오브 캘리포니아'다. 이 회사는 적은 비용을 지불하고 중동 각지의 석유를 채굴해 엄청난 이윤을 얻고 있었다. 이 모두는 엄격한 협의에 따른 결과로 다른 회사들은 채굴권을 따내려고 시도하기조차 어려웠다.

그러나 그리스의 선박왕 오나시스는 이 회사와 사우디아라비아가 맺은 협의 사항을 자세히 살펴보다 중요한 사실 하나를 발견했다. 스탠더드 오일 오브 캘리포니아에 석유 채굴권은 있지만, 꼭 미국 상선이 그 석유를 수송해야 한다는 조항은 없었던 것이다. 오나시스는 이 빈틈을 놓치지 않았다.

1953년 무더운 여름, 오나시스는 아내와 함께 '크리스티나호'를 타고 사우디아라비아의 제다(Jeddah) 항에 입항했다. 이 배는 오나시스가 사랑하는 딸의 이름을 붙인 호화 유람선이었다. 오나시스는 아내를 유람선에 남겨두고 홀로 국왕을 만나기 위해 사우디아라비아의 수도 리야드로 향했다. "사우디아라비아는 석유 채굴로 엄청난 부를 이뤘는데 어째서 석유 수송은 생각하지 않습니까?" 이 말은 늙은 국왕의 마음을 움직였다.

　오나시스는 이에 그치지 않고 반미 정서가 강한 부족의 족장들을 찾아가 설득했다. "만약 여러분에게 자신만의 배가 있다면 미국의 손에서 벗어나 더 큰 이익을 얻을 수 있을 겁니다." 다음으로 오나시스는 아지즈 왕세자를 만났다. "만약 왕세자께서 왕위를 이어받는다면 국가와 국민을 위해 더 나은 일을 하고 싶지 않으십니까? 자신의 선단을 조직해 국가와 국민의 이익을 위해 일하십시오." 당시 신하들과 국민들의 신임을 얻고 싶었던 왕세자는 오나시스의 방문이 기쁘기 그지없었다.

　오나시스가 중동여행을 마친 지 얼마 안 되어 사우디아라비아의 국왕이 서거하고 아지즈 왕세자가 왕위에 올랐다. 오나시스의 야심 찬 계획도 때가 무르익었다. 1954년 1월 20일, 오나시스는 사우디아라비아와 '제다 협정'을 맺었다. 협정에 따라 오나시스와 사우디아라비아는 공동으로 투자해 '사우디 유조선 해운주식회사'를 설립했다. 또한 사우디아라비아에서 채굴한 석유의 모든 수송에 대한 독점권을 획득했다. 이 소식은 서방 석유업계에 큰 충격을 안겼다.

　결국 이 협정은 서방 석유업계의 압력을 이기지 못해 취소되고 말았지만, 그들의 석유 독점에 맞선 오나시스의 해결방법은 매우 절묘했다. 오나시스는 상대가 가장 관심 있어 하는 문제가 무엇인지 깊이 이해했고 거기에 딱 맞는 해결방법을 제시한 것이다.

언어는 정확한 의사를 표현하기 위해 가장 중요한 도구다. 훌륭한 언어 능력은 아랫사람들에게 매우 큰 호소력과 영향력을 발휘할 뿐 아니라 대중이 리더의 자질과 수준을 판단하는 근거로 활용되기도 한다. 리더는 다른 사람과 소통할 때 깔끔하고 분명하게 의사를 표현할 줄 알아야 한다. 그래야 사람들의 열정을 자극하고 리더의 의도를 정확히 전달할 수 있기 때문이다.

절묘한 거절의 기술

근거를 대면서 거절하는 정공법은 상대의 자존심을 다치게 하는 하수의 전략이다.

"내게 인류 존엄의 가장 미묘한 순간은 필로폰네소스 산 위에서 내려다봤던 풍경이다. 그것은 조각상도 깃발도 아닌 세 개의 그리스어 자모의 모양인 OXI로 'No'라는 뜻이다. 이는 이탈리아의 유명 기자이자 작가였던 오리아나 팔라치가 한 말이다.

리더라면 경영진이든 하급관리든 스스로 거절해야 하는 상황에 부딪히게 된다. 예를 들어 누군가 상사에게 별로 합리적이지 않은 건의를 했다든지 상사가 부하에게 업무능력 밖의 임무를 맡겼다고 가정해보자. 이럴 경우 당사자가 문제의 심각성을 인지했다면 적당히 거절할 줄 아는 것도 일종의 기술이다. 같은 거절이라 해도 절묘한 방식으로 할 줄 알면 서로의 소통에 훨씬 도움이 되며 이를 통해 업무가 더 순조롭게 진행될 수 있다. 그러므로 리더에게 거절의 방법을 터득하는 것은 무엇보다 중요한 일이다.

미국의 대통령이었던 프랭클린 루스벨트는 그런 면에서 재능이 있었다. 그는 대통령이 되기 전 해군에서 일한 적이 있다. 해군이 카리브 해의 작은 섬에 핵잠수함 기지를 짓는다는 소문을 듣고 한 친구가 루스벨트를 찾아왔다. 무슨 이유인지는 알 수 없었지만, 그는 루스벨트에게 기지의 건설 상황에 대해 듣고 싶어 했다. 루스벨트는 기밀을 누설할 생각이 전혀 없었지만 그렇다고 딱 잘라 거절해 친구의 체면을 구기게 하고 싶지도 않았다.

순간 루즈벨트에게 좋은 아이디어가 떠올랐다. 그는 마치 큰 비밀이라도 되는 것처럼 주위를 둘러보더니 낮은 목소리로 말했다. "다른 사람들에게 말하지 않는다고 약속할 수 있나?" 친구는 당연하다는 듯 고개를 끄덕였다. 그러자 루스벨트가 기다렸다는 듯 대답했다. "나도 말하지 않는다고 약속할 수 있네." 그 말에 머쓱해진 친구는 더 이상 그 문제를 캐묻지 않았다.

적당한 거절의 기술을 배우는 것은 리더에게 꽤 유용한 일이다. 선뜻 대답하기 어렵거나 불편한 문제가 있다면, 매체를 이용해 "No!"라고 말할 줄 알아야 한다.

미국 CNN(Cable News Network)의 수석기자인 지미는 대변인이 "모르겠습니다."라고 털어놓는 것을 두려워해서는 안 된다고 말한 바 있다. 이 세상에 항상 완벽한 대답이 준비된 사람은 없지 않은가. 그럴 때 더 많은 정보를 모아 다시 대답하는 것도 나쁘지 않다. 차라리 그 편이 훨씬 더 성의 있어 보이기 때문이다.

따라서 기자와 마주했을 때 리더는 "No!"라고 말할 권리가 있다. 응답할 수 없는 문제에 대해서는 더더욱 "No!"라고 말해야 한다. 다만 매체에 거절을 표시할 때는 그만한 기술과 방법이 필요하다. 우리가 매체를 통해 흔히 듣게 되는 리더들의 거절 표현은 주로 다음과 같다. "그 문제는 이미 대답했습니다.", "관련된 문제에 대해서는 지금 연구하고 있습니다.", "그 문제에 대해서는 이 정도밖에 말씀드릴 수 없습니다.", "이 문제는 제가 대답할 수 있는 범위의 것이 아닙니다."

미국의 리더들은 거절의 표현이 훨씬 다양한 편이다. "지금은 상세한 예측이 어렵습니다.", "오늘은 이 문제에 대해 어떤 평론도 내기 어렵습니다.", "너무 멀리 가지 마시죠.", "조금 전에 말씀드린 것 외에는 더 해 드릴 말이 없습니다.", "지금 대답하긴 곤란합니다.", "정확히 모르겠습니다.", "지금 그 문제를 연구하고 있습니다."

이 모두는 실제로 거절의 뜻을 전하는 것이다. 한 기자가 국무부 장관 키신저에게 미국의 무기 문제에 관해 질문한 적이 있었다. "미국에는 대체 얼마나 많은 무기가 있는 겁니까? 모두에게 정확히 알려주셔야 사람들이 안심할 수 있지 않겠습니까?" 그 말에 키신저는 매우 유연하게 대답했다. "저는 물론 미국의 무기가 얼마나 되는지 잘 알고 있습니다. 하지만 소련도 그 문제를 어떻게든 알아내려 하고 있답니다. 공짜로 그들에게 이 정보를 알려줄 순 없지 않습니까?"

국가의 군사기밀은 쉽게 답하지 못하는 것이 당연하지만, 키신저는 이런 방식을 통해 기자를 난감하게 만들지 않았다. 이는 매우 성공적인 거절 방법에 속한다고 할 수 있다.

: 소통은 물처럼 흐르는 것이다

응답하기 어렵거나 있는 그대로 말할 수 없는 문제를 만났다면 절묘하게 피해가는 것도 좋은 방법이다. 한 기자가 대통령에게 질문했다. "대통령께서 어마어마한 부자란 말을 들었습니다. 재산이 30억 달러라는 소문도 있던데요." 이는 누가 봐도 대통령의 청렴성을 겨냥한 질문이었다. 대통령은 큰소리로 웃으며 반문했다. "어떤 외국 의원은 제게 60억 달러가 있다고 하던데 그런 말은 들어보셨습니까?" 그는 30억 달러에 대한 정확한 답변을 피하는 대신 거짓 예를 들어 반문하는 방식으로 문제의 핵심을 빗겨갔다.

소련의 외무상이었던 뱌체슬라프 몰로토프(Vyacheslav Mikhailovich Molotov) 역시 거절에 능했다. 1945년, 미국이 일본에 원자탄을 투하하자 미국 언론계는 소련에는 얼마나 많은 원자탄이 있는지 추측 보도하기 시작했다. 그 무렵 마침 몰로토프가 소련 대표단을 이끌고 미국을 방문했다. 그가 묵을 호텔 앞에서 수많은 미국 기자들이 그를 둘러싸며 물었다. "소련에는 원자탄이 얼마나 있습니까?" 몰로토프는 미간을 찌푸리더니 뾰로통하게 대답했다. "충분히 있습니다." 이는 원자탄의 숫자에 대한 즉각적인 답을 피하면서도 소련의 힘과 자존심을 충분히 드러낸 답변이었다.

1807년 7월, 나폴레옹은 러시아의 황제 알렉산드르 1세와 회담을 하고 있었는데 이곳에 프로이센의 루이제 왕비가 찾아왔다. 독일 북부의 마그데부르크를 돌려달라고 그에게 부탁하기 위해서였다. 그녀는 우선 나폴레옹을 '카이사르'와 같다고 칭찬하더니 곧이어 자신의 요구를 직접 언급했다.

그 자리에서 딱 잘라 거절하기 어려웠던 나폴레옹은 루이제 왕비의 드레스가 아름답다며 칭찬했다. 그녀는 나폴레옹의 의도를 눈치 채고 바로 대꾸했다. "이런 때에 꼭 옷 얘기를 해야 하나요?" 그녀는 계속해서 마그데부르크를 돌려달라고 고집했다. 하지만 나폴레옹은 화제와는 전혀 상관없는 말로 그녀를 상대했다.

그녀의 예의 바르고 간곡한 부탁에 나폴레옹의 마음이 흔들릴 무렵, 그녀의 남편 프리드리히 빌헬름 3세가 도착했다. 정신이 번쩍 난 나폴레옹은 다시 마음을 다잡았다. 회담이 끝나고 나폴레옹이 루이제 왕비에게 장미꽃 한 송이를 건네자 그녀는 그 틈을 타 다시 말했다. "이 장미를 제 부탁에 응답해주는 징표라 생각해도 될까요?" 하지만 나폴레옹은 또 다른 말로 화제를 돌렸다. 결국 루이제 왕비는 자신의 뜻을 이루지 못했다.

다른 사람의 말을 거절하는 가장 직접적인 방법은 상대의 관점이나 주장에 동의하지 않는 근거를 밝히는 것이다. 하지만 이럴 경우 서로의 공감대나 합의를 끌어내기가 어려울 뿐만 아니라 상대의 자존심을 다치게 할 수도 있다. 거절의 기술에 능숙하지 않은 리더는 본의 아니게 상대에게 상처를 입히고 조직의 단합을 해칠 수 있다. 자신에게 맞는 거절의 기술을 연마해 자신의 주장도 펼치고, 전체의 공감대도 형성할 수 있도록 해야 할 것이다.

— TOP LEADER —

10

역경

한결같이 순탄한 인생은 없다

포기할 때까지는 실패가 아니다

우리 인생의 실패와 좌절을 이겨내려면 나비가 누에고치를 찢고 나오는 과정처럼 고통과 인내가 필요하다.

루스벨트는 매우 출중한 정치가였지만, 불행히도 1921년 갑작스레 소아마비 진단을 받았다. 이 뜻밖의 불행으로 루스벨트의 인생계획은 엉망이 돼버렸다. 희망을 가지고 여러 가지 시도를 해봤지만, 병세는 날로 악화됐다. 그의 근육은 살짝만 부딪쳐도 매우 큰 고통을 느꼈다. 결국 루스벨트는 하반신 마비가 되어 병상에 눕고 말았다.

당시 루스벨트는 신체적 고통보다 자신이 처한 현실을 받아들이지 못하는 정신적 고통으로 더 괴로워했다. 과거 그는 앞날이 촉망받는 젊은 정치인이었다. 그런 그가 하루아침에 남의 도움 없이는 꼼짝도 할 수 없는 환자 신세가 됐다는 것은 그에게 좀처럼 받아들일 수 없는 현실이었다.

그는 병세가 나빠질수록 깊은 절망의 늪에 빠져들었다. 하지만 본래 의지가 강한 사람이었던 루스벨트는 다시 일어날 수 있다는 꿈을 잃지 않았다. 고통으로 죽고 싶다는 생각이 들 때도 그는 병만 나으면 자신에게 맡겨진 모든 역할을 더 잘 해내겠노라 다짐했다. 그는 정치 무대로 다시 돌아가겠다는 희망을 버리지 않았고 자신의 마음을 다지며 다른 사람들에게도 낙천적인 기분을 전파했다. 그는 사람들이 자신을 걱정하지 않도록 강한 의지를 행동으로 보여줬다.

루스벨트는 의사의 치료를 적극적으로 따랐으며 매일 고생스러운 재활 훈련을 계속했다. 의지가 강하고 야심이 컸던 그는 평생 장애인으로 살기를 거부하는 대신 낙관적인 태도로 현재를 변화시켰다. 그는 잔디밭에 이단 평행봉을 설치한 뒤 매일 쉬지 않고 그 사이를 오가며 몸을 움직였다. 평행봉을 자유롭게 오갈 수 있게 되자, 바로 지팡이를 짚고 거리를 걷는 연습을 시작했다. 물론 그 과정에서 수도 없이 넘어졌지만 절대로 용기를 잃지 않았다.

루스벨트는 오랜 시간 연습을 거듭한 끝에 놀랍게도 건강을 회복했다. 건강해진 뒤로 그는 누구보다 자신감 있고 생기 넘치게 활동했다. 그는 소아마비 덕분에 자신의 삶을 더 소중히 여기게 됐으며 익숙하다고 여겼던 세상을 새로운 시선으로 보게 됐다. 그리고 정치에서도 참신한 견해를 지니게 됐다.

1932년, 민주당 대통령 후보로 나선 루스벨트는 자신의 노력과 주변의 도움에 힘입어 결국 선거에서 승리를 거뒀다. 1932년 11월 8일, 루스벨트는 미국의 대통령이 됐다. 루스벨트의 승리는 자신의 의지를 지키고 이를 실천하려고 노력한 덕분이었다. 우리는 실패라는 단련을 통해 더 강하고 단단해질 수 있다. 만약 그러지 못할 경우 우리의 인생은 다르게 흘러갈 수도 있다.

반 고흐는 죽은 뒤에 큰 명성을 얻었지만 살아서는 실의에 잠겨 세상을 비관했던 가난뱅이에 불과했다. 본래 고흐는 좋은 가문 출신으로 그의 가족들은 네덜란드 미술시장을 독점하다시피 했다. 그의 아버지는 존경받는 목사여서 고흐 역시 젊은 시절에는 복음을 전파하는 꿈을 꿨다. 훗날 그는 독립을 위해 집을 떠나 삼촌의 화방에서 일하게 됐다. 그 후엔 장사를 하다 런던의 작은 기숙학교에서 프랑스어를 배웠고 파리로 건너가 동생 테오와 함께 살게 됐다.

이때 고흐는 동생의 도움으로 그림을 그리기 시작했는데 동생의 소개로 만나게 된 유명 화가들로부터 인상파 회화의 기교를 배우기도 했다. 그 무렵 고흐는 유명한 화가가 되겠다는 꿈을 키웠다. 얼마 뒤 그는 붐비는 도시를 떠나 그림을 그리기 위해 시골을 떠돌아다녔다. 하지만 몹시 가난했던 그는 줄곧 동생에게 경제적 도움을 받아야 했으며 그의 그림을 알아주는 사람도 없었다.

고흐는 정신적으로도 경제적으로도 고통에 시달릴 수밖에 없었다. 비참한 생활에 고흐는 점차 지쳐갔고 실망을 넘어 절망을 느끼게 됐다. 결국 그는 버거운 삶의 무게를 견디지 못하고 스스로 총을 쏴 남은 생을 마감했다.

고흐가 자살한 뒤, 그의 그림은 점차 사람들의 사랑을 받게 됐으며 전 세계를 감동시켰다. 그의 바람처럼 그는 세상에 이름을 널리 알린 천재 화가가 됐다. 허나 그는 이 모든 사실을 결코 알 수 없을 것이다. 자신의 뜻을 접고 실의에 빠졌던 그는 죽음과 함께 자신의 꿈도 끝내버리고 말았다.

모든 사람들은 자신의 삶이 순탄하기를 바란다. 그러나 살다 보면 생각처럼 하는 일마다 술술 잘 풀리는 경우는 흔하지 않다. 리더도 마찬가지다. 어떤 리더는 좌절과 실패를 겪으며 낙담과 실망을 넘어 절망에 빠진다. 우리 인생의 실패와 좌절을 이겨내려면 나비가 누에고치를 찢고 나오는 과정처럼 고통과 인내가 필요하다. 힘든 시기를 잘 넘겨야 성공을 맛볼 수 있다. 그러므로 역경에 빠진 리더는 성패를 정확히 판가름할 줄 알아야 하며 실패 가운데 새로운 에너지를 찾고 자신을 채찍질해 어떤 고난에도 포기하지 않도록 해야 한다.

실제 업무에서도 리더는 반드시 올바른 이상과 신념을 확고히 해야 하며 명확한 세계관과 인생관, 가치관을 수립해야 한다. 포기하지 않는 한 완벽한 실패는 있을 수 없다. 강한 정신으로 무장한 채 끊임없이 전진할 수 있다면 고난을 딛고 일어나 더 빨리 성공을 향해 달려갈 수 있을 것이다.

고통을 기꺼이 받아들여라

"손가락을 가시에 찔렸다면 기쁘게 외쳐라. '다행히 눈은 찔리지 않았어!'라고 말이다."

안톤 체호프 Anton Chekhov

미국의 유명 심리학자 스티븐 헤이스(Steven Hayes)는 고통을 있는 그대로 받아들여야 치료가 가능하다는 새로운 학설을 주장했다. 그는 자신의 책을 통해 고통스럽다고 느끼는 사람들은 부정적인 정서와 싸우는 대신 그것을 생활의 일부로 받아들여야 한다고 주장했다.

미국 뉴욕에 석유를 수송하는 차와 비행기까지 보유한 석유 회사의 사장이 있었다. 그런데 그의 회사가 한동안 물가관리 위원회의 엄격한 규정을 받아 판매 가능한 석유의 양을 제한받게 됐다. 그러자 회사의 몇몇 운송직원이 절묘한 방법을 생각해냈다. 바로 고정 고객에게 보내는 석유의 양을 줄여 남은 석유를 다른 고객에게 판매하는 것이었다. 사장은 이 일에 대해 전혀 모르고 있다가 어느 날 정부 조사원의 방문을 받게 됐다. 조사원은 5천 달러의 뇌물을 요구하며 자신에게 운송직원들의 부정행위에 대한 증거가 있다고 으름장을 놓았다. 그는 돈을 내놓지 않으면 모든 증거를 검사에게 넘기겠다고 협박했다. 사장은 그제야 회사에 그런 일이 있었다는 사실을 알게 됐다.

엄밀히 말해 사장은 이 일과 상관이 없었지만, 법률상 직원의 잘못에 회사가 책임을 지는 것은 당연한 일이었다. 게다가 일단 이 일이 공론화 되면 그의 명예가 손상될 게 뻔했다. 그는 누구보다 이런 일이 일어나지 않기를 바랐다. 아버지가 이십여 년 동안 다져놓은 사업의 기반을 흔들고 싶지 않았으며 자신의 사업에 자부심이 있었기 때문이다. 스트레스에 시달린 사장은 며칠을 잠 못 이루다 금세 병이 나고 말았다. 그는 정부 조사원에게 뇌물을 줘야 할지 말아야 할지 도무지 감이 잡히지 않았다. 그 때문에 매일 밤 악몽이 그를 괴롭게 했다.

그러던 어느 날 그는 문득 생각을 정리했다. '내 사업이 잘못된다 해도 아마 다른 일을 할 수 있을 거야. 그것도 나쁘지 않아. 난 석유에 대해 잘 알고 있으니 회사 몇 곳에서는 나를 고용하려고 하겠지.' 이렇게 생각하니 마음이 한결 가벼워지고 걱정거리가 사라졌다. 그는 점차 안정되어 갔으며 냉정하게 생각할 수 있게 됐다.

그는 우선 가장 나쁜 상황을 해결해야겠다고 마음먹었다. 그는 다음 날 아침 변호사를 찾아가기로 결심하고 편안히 잠들었다. 다음 날 아침, 사장은 변호사를 대동하고 지방 검찰청의 검사를 만나러 갔다. 사장이 자초지종을 솔직히 털어놓자 검사가 말했다. "이렇게 회사를 돌며 협박을 하는 녀석이 있다는 첩보가 몇 달 전부터 계속됐습니다. 자기를 정부 조사원이라고 했다는데 사실 지명 수배범이랍니다. 그런 녀석에게 5천 달러나 되는 뇌물을 주지 않은 건 정말 잘한 일입니다."

이 말을 들은 사장은 그제야 안도의 한숨을 내쉬었다. 우리는 이 일화를 통해 편한 마음으로 넓게 생각하면 자연스럽게 큰 용기를 낼 수 있다는 사실을 알 수 있다. 또한 이렇게 하면 눈앞에 닥친 고난을 훨씬 쉽게 받아들일 수 있다.

형편없는 외모에 말까지 더듬는 한 캐나다 소년이 있었다. 그는 질병으로 얼굴 왼쪽이 마비된 데다 입 모양이 기형이어서 말할 때면 항상 입이 비뚤어졌다. 심지어 한쪽 귀는 들리지도 않았다. 그러나 그는 그런 이유로 의기소침하지 않았다. 오히려 적극적으로 더 나은 방법을 찾아 자신의 단점을 극복하려 했다. 말을 더듬는 것을 교정하려고 유명 연설가의 조언에 따라 입 안에 돌을 물고 말하기도 했다. 돌 때문에 그의 입과 혀가 엉망이 되자 이 모습을 본 어머니는 눈물을 흘리며 말했다.

"그렇게 하지 않아도 괜찮아. 아들아, 엄마가 평생 널 지켜줄게." 하지만 그는 어머니의 눈물을 닦아주며 말했다. "엄마, 책에서 보니 아름다운 나비도 자신을 둘러싼 누에고치를 뚫고 나와야 된대요. 저도 그렇게 아름다운 나비가 될 거예요." 그는 고된 노력 끝에 훨씬 매끄럽게 말할 수 있게 됐다. 또한 중학교를 졸업할 무렵에는 우수한 성적을 거뒀을 뿐만 아니라 좋은 인연도 많이 맺었다.

그는 성인이 된 뒤 "저는 나라와 국민을 위해 아름다운 나비가 되겠습니다."라는 구호를 들고 캐나다 총리 선거에 나섰다. 경쟁 상대는 언론을 통해 그의 신체적 약점을 물고 늘어졌다. "이렇게 몸이 불편한 사람을 총리로 뽑고 싶습니까?" 그러나 이런 악의적인 인격모독도 별다른 영향을 주지 못했다. 사람들은 오히려 그를 더 지지하고 존경하게 됐으며 상대를 비난했다.

결국 그는 총리에 당선됐으며 몇 년 뒤에는 연임에 성공할 수 있었다. 캐나다 사람들은 그를 '나비 총리'라고 불렀다. 그가 바로 캐나다 역사상 처음으로 연임에 성공한 총리 장 크레티앵(Joseph Jacques Jean Chrétien)이다.

러시아의 작가 안톤 체호프는 말했다. "손가락을 가시에 찔렸다면 기쁘게 외쳐라. '다행히 눈은 찔리지 않았어!'라고 말이다." 유대인들에게도 이와 비슷한 격언이 있다. '한 다리를 잘렸다면 두 다리를 잘리지 않았음에 하느님께 감사하라. 만약 두 다리를 잘렸다면 네 목이 잘리지 않았음을 감사하라. 만약 목이 잘렸다면 더 이상 걱정할 것이 없음에 감사하라.'

사람들의 인생에는 언제나 기회가 가득하며 이는 리더에게도 마찬가지다. 당장 재능을 펼칠 기회가 없다고 앞으로도 쭉 그러리라 생각하지 마라. 모든 순간, 모든 상황, 모든 라이벌이 우리에게는 기회가 될 수 있다. 그렇기에 리더는 늘 적극적이고 건강한 심리상태를 유지해야 한다. 그래야만 스스로의 삶도 훨씬 여유로워지고 성공도 가까워진다.

전진을 위해 후퇴도 필요하다

때로는 자신의 약한 모습이나 단점을 기꺼이 보여주는 것이 성공을 위한 효과적인 수단이 될 수 있다.

어느 기자가 한 정치가를 인터뷰하기 위해 방문했다. 그의 목적은 그 정치가의 추문에 관해 캐내기 위한 것이었다. 그런데 기자가 인사말을 건네기도 전에 정치가가 물었다. "시간도 많은데 천천히 이야기 나누면 어떻겠습니까?" 기자는 정치가의 다정한 태도에 조금 의외라고 느꼈다.

얼마 뒤, 하인이 커피를 들여왔는데 정치가가 급하게 커피를 입에 대다가 비명을 질렀다. "앗, 뜨거!" 덕분에 커피잔은 바닥에 나뒹굴고 말았다. 하인이 바닥을 다 치우자 이번에는 정치가가 담배를 입에 물고 불을 켰다. 하지만 그 모습을 본 기자는 깜짝 놀라 정치가를 말렸다. "담배를 거꾸로 무셨습니다." 당황한 정치가는 담배를 이내 바로 물었지만, 이번엔 바닥에 재떨이를 떨어뜨렸다.

기자는 평소 기세등등하던 정치가의 뜻밖의 모습에 원래의 의도를 잊어버리고 오히려 친근감을 느꼈다. 그러나 사실 정치가의 이런 행동은 모두 계산된 것이었다. 걸출한 권위를 가진 인물이 약점을 드러낼 경우, 두려움과 경계심이 사라지고 친밀감을 느끼게 되기 때문이다.

이 정치가 역시 상대의 까칠한 마음을 누그러뜨리고 원활한 소통을 하려는 작전이었다. 적당한 후퇴는 결코 소극적인 행동이 아니며 무조건적인 인내나 포기를 의미하지도 않는다. 오히려 이는 일종의 지혜로 힘을 비축하고 때를 기다리는 것과 같다. 소비에트 정권이 처음 탄생했을 때 레닌도 이런 전술을 구사해 열강의 공격에서 시간을 벌 수 있었다.

1917년, 레닌은 10월 혁명을 승리로 이끌었다. 하지만 소비에트 신생 정권은 차르 정부와 자산가 계급의 임시정부가 남긴 막중한 전쟁의 부담을 떠안아야 했다. 레닌은 이제 막 발을 내디딘 소비에트 정권이 안정을 찾기 위해 평화가 절실했다. 당시 소련 사람들도 오래된 전쟁에 지쳐 있었다.

10월 혁명이 성공한 다음날, 레닌은 자신이 기초한 '평화법령'을 모든 교전국 국민과 정부에 건의했다. 공정하고 민주적인 조약을 맺어 영토를 할양하거나 배상하지 않고 평화를 실현하겠다는 내용이었다. 하지만 당시 영국과 프랑스, 미국 등의 제국주의 열강들은 소련을 계속 전쟁에 붙들어 매어 기반이 약한 정권을 무너지게 하고자 했다. 레닌은 이 문제를 심사숙고한 끝에 독일, 오스트리아와 손을 잡고 전쟁을 멈추기로 했다.

하지만 당시 소수파에 속했던 레닌은 대다수 지도층의 반대에 부딪혔다. 레닌은 협약 체결을 반대하는 내부 세력을 제거하고 전쟁을 주장하는 일부 군중의 정서를 바꾸기 위해 가능한 한 협상시간을 지연시켰다. 레닌은 협상단 대표인 트로츠키와 상의해 독일이 최후통첩을 할 때까지 기다려 좀 더 양보하기로 했다. 그러나 1918년 1월 28일 독일이 소련에게 조약의 조건을 받아들이라며 최후통첩을 하자, 트로츠키는 레닌과의 약속을 깨고 조약에 사인을 하지 않았다. 독일은 2월 16일, 협상이 실패했음을 선언하고 2월 18일부터 전면전에 들어가기로 결정했다.

위기의 순간, 레닌은 당 중앙회의에서 격렬한 논쟁을 벌인 끝에 같은 날 저녁 독일에 조약을 즉각 받아들이겠다는 전보를 띄웠다. 그러나 독일은 고의로 답변을 미루며 공격을 계속했다. 얼마 지나지 않아 많은 소련 도시가 독일군에 점령당했다. 소련 정부는 사회주의 조국이 위기에 빠졌다는 취지의 법령을 선포하며 국민들에게 침략자에 맞서 싸워야 한다고 호소했다. 그러나 레닌은 〈프라브다지〉에 조약 체결을 거절한 것은 당과 정부이며 그들이 국민을 위협과 모험 속으로 밀어 넣었다고 비난의 글을 발표했다. 또한 그는 공개적으로 조약 체결을 위해 투쟁하겠다고 선언했다.

2월 23일, 독일은 또다시 불평등한 요구를 새로 추가해 48시간 안에 조건을 수용하라고 강요했다. 이 문제를 놓고 중앙위원회에서 긴급회의가 열렸다. 트로츠키는 여전히 조약 체결에 반대하며 외교 관련 인사들이 자리를 내놓아야 한다고 주장했다. 그러나 레닌은 다수의 의견에 맞서 목소리를 높였다. "만약 여러분이 이 조약에 서명하지 않는다면 삼 주 뒤에는 소비에트 정권의 사형판결문에 서명하게 될 것입니다."

레닌은 끝내 자신의 뜻을 굽히지 않았고 중앙위원회는 그의 건의를 통과시켰다. 레닌은 강한 의지를 불태우며 투쟁한 끝에 3개월을 끌었던 독일과의 협상에서 수많은 방해를 물리치고 성공을 거뒀다. 이때 체결된 조약이 바로 브레스트-리토프스크 조약이었다.

중국 속담에 "두 강자가 만나면 용감한 자가 이긴다."란 말이 있다. 하지만 위기의 순간 자신의 실력이 상대에 못 미친다면 약한 모습을 인정할 줄도 알아야 한다. 상대는 그런 당신의 모습에 불만과 적의가 줄어들거나 사라질 것이다.

때로는 자신의 약한 모습이나 단점을 기꺼이 보여주는 것이 성공을 위한 효과적인 수단이 될 수 있다. 무리하게 경쟁상대에 맞서다 서로 곤란해지는 상황을 피하기 위해서다. 그렇게 조금만 인내하면 더 나은 조건으로 소통하고 협력할 기회를 얻을 수 있으며 그때 재기해도 때는 늦지 않다.

새로운 길을 두려워 마라

때로는 막다른 골목에서 생각지 못한 새로운 출구를 찾을 수 있다.

1946년, 이탈리아에서 첫 선을 보인 명품 신사화 브랜드 모레스(Morres)는 '견고하고 오래 신을 수 있는 신발'이란 이미지로 큰 인기를 끌었다. 그런데 설립자인 마리오 모레스키(Mario Moreschi)가 갑작스레 세상을 떠나면서 이제 막 스무 살이 된 그의 아들 지안 벱뻬(Gian Beppe)가 회사를 물려받게 됐다.

같은 업계 사람들은 모레스키의 죽음에 애도를 표하면서도 너무 젊은 지안 벱뻬가 가업을 순조롭게 이어나갈 수 있을지 걱정했다. 물론 강 건너 불구경하는 것처럼 '잘되나 보자.' 하는 마음이었을 것이다. 지안 벱뻬는 아버지의 사업을 물려받은 뒤 가장 먼저 '모레스'란 브랜드 이름을 '모레스키'로 바꿨다. 스무 살의 신임 사장이 새로운 브랜드로 시장에서 자리를 잡는다는 것은 결코 쉬운 일이 아니었다. 과연 얼마 지나지 않아 모레스는 시장에서 자취를 감췄고 모레스키도 인기를 끌지 못했다.

이탈리아 제화업계 사람들은 경쟁상대가 사라졌다는 사실에 기뻐하면서도 한편으로는 아쉬움을 감추지 못했다. 그런데 불과 몇 년 뒤, 모레스키는 이탈리아를 넘어 국제적 브랜드로 발돋움했다. 마리오 모레스키 시절 직원 수가 수십 명에 불과했던 회사는 천 명이 넘는 대기업으로 성장했다. 이런 모레스키의 성과는 이탈리아 제화업계를 깜짝 놀라게 했다.

지안 뱁뻬는 부친과는 달리 새로운 생각을 잘 수용할 줄 아는 사람이었다. 그는 모레스가 고수하던 '견고하고 오래 신을 수 있는 신발'이란 경영철학이 이미 새로운 시대에 어울리지 않는다는 사실을 간파했다. 그는 고루한 경영전략을 과감히 개선해 새로운 설비로 무장하고 새로운 스타일의 구두를 꾸준히 내놓았다. 이렇게 모레스키는 재기에 성공해 사람들의 갈채를 받았으며 전보다 더 큰 시장을 차지하게 됐다. 이처럼 새로운 생각은 마리오 모레스키의 가업을 계승하고 발전시켰을 뿐만 아니라 '모레스키'를 세상에 알리고 더 큰 영향력을 끼치게 만들었다.

문제에 따라 적절히 대응할 줄 아는 사람은 허튼 일에 매달려 정력을 낭비하는 대신 즐겁고 편안한 생활을 즐긴다. 해결할 수도 없는 문제를 붙들고 있어봐야 자신만 더 고통스러워질 뿐이라는 것을 알기 때문이다.

슬픔에 잠긴 어느 젊은 부인이 강물에 뛰어들어 목숨을 끊으려 했다. 그때 마침 강에 있던 노인이 그녀를 발견해 목숨을 살려주고는 이렇게 물었다. "이렇게 젊은데 어째서 쉽게 목숨을 끊으려 하오?" 젊은 부인은 눈물을 주르륵 흘리며 말했다. "결혼한 지 이 년 만에 남편에게 버림받고 아이는 병으로 세상을 떠났어요. 대체 제가 무슨 낙으로 세상을 살 수 있겠어요?"

노인과 부인의 대화가 계속됐다. "그럼 이 년 전에는 어떻게 살았소?" "그때는 아주 즐겁게 살았죠. 아무 걱정거리도 없었으니까요." "그때도 남편이 있었소?" "아뇨, 없었죠." "그때도 아이가 있었소?" "당연히 없었죠." 그 말에 노인이 되물었다. "남편과 아이가 없던 때도 그렇게 즐겁게 살았다면 어째서 지금 이렇게 힘들어하시오? 하느님께서는 부인을 이 년 전 상황으로 돌려보내 주신 게 아니오?" 그 순간, 젊은 부인은 잠시 뒤통수를 맞은 것 같은 기분이 들었다. 노인의 말이 틀리지 않았기 때문이다. 이후 그녀는 밝은 성격을 되찾았으며 목숨을 버리겠다는 생각을 다신 하지 않았다.

상황이 여의치 않을 때는 그런대로 문제를 인정하고 적응할 줄 알아야 한다. 사실 다른 각도에서 보면 그리 나쁜 상황만도 아님을 알 수 있다. 이처럼 리더도 어려운 상황에서는 자신의 심리상태를 잘 조절해 그에 걸맞게 대처할 줄 알아야 한다.

스위스는 전통적인 시계 강국이다. 1969년, 스위스에서 세계 최초로 전자식 쿼츠시계가 탄생했다. 그러나 스위스 사람들은 이 시계를 세계로 수출하지 않았다. 시계 제조업자들이나 개발자들 모두 전자시계의 전망을 낙관적으로 보지 않았던 것이다. 그들은 진일보된 연구와 제작을 통해 시장을 개척하는 대신 수동시계만을 고집했다. 이렇게 스위스는 새로운 사업으로 큰돈을 벌 수 있는 기회를 놓쳤다. 반면 일본은 이 기회를 놓치지 않았다. 일본은 스위스 쿼츠시계 기술을 바탕으로 인력과 돈을 쏟아 부어 연구에 매진했으며 새로운 판로를 개척했다. 훗날 일본에서 생산된 쿼츠시계는 전 세계를 석권했고, 스위스의 시계제조업은 큰 타격을 받게 됐다. 스위스의 실패는 몇몇 사람들의 보수적이고 근시안적인 태도 때문이었다. 그들은 거대한 시장과 혁신의 기회를 맞이하고도 생각의 틀을 깨지 못한 채 전통만을 고집했다. 그 결과 스위스는 엄청난 시장을 잃게 됐으며 강한 경쟁상대를 키우고 말았다.

다양한 상황에 따라 그에 어울리게 변화하고 다른 각도에서 문제를 바라보는 것을 임기응변이라 한다. 새로운 시대의 리더는 흔히 여러 가지 복잡한 곤경에 빠지기 쉽다. 때로는 그로 말미암아 막다른 궁지에 몰릴 수도 있다. 리더는 역경에 처했을 때 비관적으로 생각하는 대신 상황을 잘 모색해 거기에 걸맞은 해결책을 찾아내야 한다. 그러면 막다른 골목에서도 생각지 못한 새로운 출구를 찾을 수 있다.

빌 게이츠는 "마이크로 소프트의 목표는 끊임없는 자기 혁신이다. 우리는 반드시 우리 힘으로 우리의 제품을 대체해야 한다."라고 말한 바 있다. 대부분 성공한 인사들은 어떤 일을 할 때 새로운 방법을 찾는 동시에 새로운 사상을 유연하게 받아들일 줄 안다.

적당한 때를 기다려라

기회란 언제 올지 예측할 수 없다. 마음을 단단히 먹고 기다릴 때는 오지 않다가, 마음을 놓고 있을 때 불현듯 다가온다.

미국의 유명한 기업가 아먼드 해머(Armand Hammer)는 한때 다양한 업종에 손을 대 큰 성공을 거뒀다. 블라디미르 레닌이 '붉은 자본가'라고 부르기도 했던 그는 평생 엄청난 재산을 모았다. 그가 이렇게 성공을 거둔 것은 기회를 놓치지 않고 돈을 벌 아이디어를 적재적소에 적용할 줄 알았기 때문이다.

해머는 대학생이던 열여덟 살에 이미 대학생 중 최초로 백만장자가 됐으며, 스물세 살에는 소련에서 장사를 하겠다는 의외의 결정을 내렸다. 그의 이런 발상은 당시 미국인들에게는 절대 실현할 수 없는 목표처럼 보였다. 심지어 어떤 이는 그의 행동을 '달에서 탐험하는 것'과 같다고 조롱하기도 했다. 그러나 해머는 자신의 관점과 생각을 결코 굽히지 않았다. 남들 눈에 그는 애송이였고, 그 먼 곳에서 장사를 한다는 자체가 미친 짓처럼 보였지만, 그에게는 나름의 속셈이 있었다.

그는 이제 막 건립된 소련이란 나라에 필요한 물자가 한둘이 아닐 것이라 짐작했다. 바로 이런 요량이 있었기에 바다 건너 먼 나라에 가서 장사를 할 결심을 한 것이다.

당시 소련은 곡물과 의약품 부족으로 전염병이 유행하고 기근에 고통받고 있었다. 해머는 이 기회를 포착해 미국에서 과감히 밀 1백만 달러어치를 구입해 소련 정부에 무상으로 건넸다. 이 일이 있기 전, 그는 이미 소련에 의료 설비 십만 달러어치를 무상으로 기증했다. 이런 해머가 소련 정부의 관심 인물이 된 것은 어찌 보면 당연한 일이다.

그뿐 아니라 그는 레닌을 직접 만나기도 했다. 이를 통해 절호의 기회를 얻은 해머는 소련의 천연자원을 개발하는 일을 맡아 엄청난 부를 축적하게 됐다. 그는 소련에 연필이 부족한 것을 보고 서둘러 연필공장을 세워 첫해에 1백만 달러를 벌어들였다. 소련의 독특한 골동품과 예술품을 대량으로 사들여 미국에서 전시회를 열어 한 주 만에 수십만 달러를 벌어들이기도 했다.

해머의 연이은 성공은 남들보다 한 발 먼저 기회를 독점한 덕분이었다. 그는 기회를 앞에 두고 머뭇거리는 사람들과 달리 성공적으로 그 기회를 이용할 줄 알았다. 또한 수많은 혁신적인 생각으로 큰 성공을 거뒀다.

1982년, 멕시코에서 화산이 분출되는 보기 드문 일이 일어나 수만 톤의 화산재가 하늘로 치솟았다. 이는 단순한 자연현상에 불과했지만 이를 본 사람들의 반응은 다양했다. 어떤 사람들은 이 장관을 보며 감탄했고 어떤 사람들은 그 위력을 두려워했다. 또 어떤 사람들은 화산재를 가져가 과학적인 연구를 진행했다. 반면 미국의 한 연구팀은 이를 소중한 기회로 여겼다. 공중에 대량의 화산재가 떠다니면 기온이 낮아지고 비가 잦아진다. 화산재의 영향을 받는 국가와 지역에서는 곡물 생산량이 큰 폭으로 감소할 수밖에 없고, 곡물 가격이 크게 오르기 마련이다. 이런 사실을 파악한 연구팀은 미국 정부의 관련 부처에 적기에 대응 조처를 하라고 건의했다. 미국 정부는 이 보고에 근거해 곡물의 재배와 수매를 늘렸다. 한마디로 사재기를 한 것이다. 다음 해, 연구팀이 예견한 것처럼 화산재 분출의 영향을 받은 국가와 지역들은 식량 부족에 시달리게 됐다. 당시 대량의 식량을 비축하고 있던 유일한 국가인 미국은 엄청난 이윤을 거둘 수 있었다.

기회란 언제 올지 예측할 수 없다. 마음을 단단히 먹고 기다릴 때는 오지 않다가, 마음을 놓고 있을 때 불현듯 다가온다. 만약 그 순간 잡지 못하면 기회는 영원히 사라질 수도 있다.

1700년대 중반, 유럽의 군사대국이던 스웨덴은 러시아의 땅을 여러 차례 점령했다. 그러나 러시아의 표트르 대제가 즉위한 후론 형세가 변화하기 시작했다. 표트르 대제는 해안지대에 요새를 구축하고 많은 인력과 물자를 동원해 해안가 근처에 새로운 수도인 상트페테르부르크를 건설했다. 새로운 수도를 기점으로 발트해를 장악하고 서쪽으로 국토를 확장하려는 의도였다. 스웨덴은 표트르 대제의 이런 움직임에 발끈했다. 그들은 상트페테르부르크를 건설하겠다는 계획을 초반에 박살내기 위해 군사를 보내 러시아군을 공격했다. 그런데 뜻밖에도 예전에는 늘 패하기만 하던 러시아군이 표트르 대제의 지휘 아래 대승을 거뒀다. 혼쭐이 난 스웨덴은 전국의 병력을 모아 다시 러시아로 진군했다. 러시아의 장교들은 동요하기 시작했다. 그들은 해안 지역에서 후퇴하고 상트페테르부르크 건설계획을 포기하자고 주장했다. 병력을 내륙으로 집중시켜 스웨덴군과 교전을 벌여야 된다는 주장이었다.

표트르 대제는 기세가 한창 올랐을 때 기회를 노려야 한다고 생각했다. 만약 이대로 내륙으로 물러난다면 어렵게 끌어온 상트페테르부르크 건설계획이 물거품으로 돌아갈 뿐만 아니라 해안 방어지역도 잃어버릴 수밖에 없었다. 게다가 후퇴하여 병사들의 사기가 꺾인 상태에서 강대한 스웨덴군과 맞설 경우 패배할 확률이 높았다. 표트르 대제는 이런 모든 상황을 고려해 단호히 주장했다. "나는 단 반걸음도 물러날 수 없네! 내가 전투 없이도 적을 물러나게 만드는 방법을 보여주지."

스웨덴 군인들은 공격을 얼마 남겨두고 러시아 각지에서 수많은 스파이들을 잡아들였다. 스웨덴군은 이 스파이들을 통해 표트르 대제가 각지의 병사들을 이끌고 발트해 연안에 집결해 결사 항전을 준비하고 있다는 소식을 알게 됐다. 하지만 이는 모두 가짜였다. 표트르 대제는 스웨덴이 쉽사리 공격하지 못하고 망설이고 있음을 눈치 채고 있었다. 게다가 이미 한 번 승리한 경험이 있던 터라, 가짜 군사로 적의 눈을 속이기로 마음먹은 것이다. 그는 직접 명령을 내려 스파이들에게 각지의 병사들이 해안 지역으로 집결하고 있다고 알리게 했다. 그러나 실제로 대부분의 군사는 먼 내륙에 있거나 아예 존재하지도 않았다. 스파이들은 표트르 대제의 명령에 따라 일부러 스웨덴 방어지역으로 들어가 그들의 포로가 된 것이다.

이런 사실을 몰랐던 스웨덴 국왕 카를 12세는 고민 끝에 결단을 내렸다. "러시아군의 병력이 생각보다 매우 강하다. 해안지역을 공격한다 해도 이대로라면 표트르 대제의 포위망 안에 들 수밖에 없다." 결국 카를 12세는 자발적으로 군대를 후퇴시켜 스웨덴으로 돌아갔다. 이 기회를 틈 타 표트르 대제는 상트페테르부르크 건설에 박차를 가했고 그 이후 러시아는 더 이상 스웨덴군의 공격을 두려워하지 않게 됐다.

중국의 지도자 덩샤오핑은 기회에 대해 다음과 같이 말했다. "적절한 기회를 잡아 자신을 발전시켜라.", "속도를 늦추는 것은 걸음을 멈춤과 같으며 오히려 후퇴일 수도 있다. 기회를 잡아라. 지금이 바로 좋은 기회다. 기회를 놓칠 것을 걱정하라. 잡지 못하면 눈에 보이는 기회도 사라지고 만다. 시간은 눈 깜빡할 사이에 빠르게 지나간다."

기회는 결코 하늘에서 뚝 떨어지지 않으며 목마른 사람이 샘을 파듯 스스로 찾고 쟁취해야 하는 것이다. 특히 위기에 처한 상황이라면 더욱 그렇다. 이때 찾아온 기회를 잡지 못하면 평소보다 더 큰 손해를 입기 마련이다. 기회는 의지가 강하고 에너지가 넘치며 행동이 신속한 사람을 좋아한다. 따라서 리더는 힘든 상황에도 비관적인 생각으로 일관해서는 안 된다. 대신 어떤 성공의 기회든 결코 놓치지 않겠다는 마인드를 가져야 한다.

기회를 잡았다면 바로 결정하고 즉각 행동에 옮겨야 한다. 이것이 바로 수많은 리더가 성공할 수 있었던 결정적 비결이다. 기회는 따로 편애하는 사람이 없으니 능동적으로 나서서 자신의 기회를 창조해야 한다.

팀워크가 반전의 열쇠다

단결은 대단히 무너뜨리기 어려운 방어선이다. 특히 곤경에 처했을 때 더욱 그렇다.

영국의 한 동물학자가 불을 붙인 모기향을 개미집 안에 밀어 넣는 실험을 했다. 처음엔 당황해 어쩔 줄 모르던 개미들은 약 20초가 지나자 벌떼같이 몰려들어 포름산(가장 간단한 구조를 가진 카르복시산의 일종으로 개미산이라고도 한다-역주)을 발사해 불을 껐다. 자그마한 개미들이 발사할 수 있는 포름산의 양은 매우 적었지만 모두 힘을 모으자 일 분이 되지 않아 불을 끌 수 있었다. 개미들은 전투 중에 희생된 동료의 시체를 다른 곳으로 옮겨 얇은 흙을 덮어 장례를 치렀다.

한 달 뒤, 이 동물학자는 비슷한 실험을 진행했다. 이번에는 개미굴 안에 불을 붙인 양초를 밀어 넣은 것이다. 지난번보다 눈에 띄게 거세진 화력 덕에 불은 맹렬하게 타올랐다. 그러나 이미 경험이 있는 개미들은 각자 일을 분담해 작전에 협력하며 금세 불을 껐다. 게다가 이번에는 한 마리의 개미도 죽지 않았다.

　작디작은 개미도 위기에 맞서 서로 힘을 모을 줄 안다. 그만큼 단결은 역경에 대처할 수 있는 중요한 지혜다. 어쩌면 개미들의 이런 행위는 그저 목숨을 구하려는 본능일 수도 있지만, 우리는 이를 통해 팀워크가 발휘하는 힘을 알 수 있다. 단결은 대단히 무너뜨리기 어려운 방어선이다. 특히 곤경에 처했을 때 단결은 무엇보다 중요하며, 위기의 순간 반전의 열쇠가 되기도 한다.

　이부카 마사루(井深大)는 소니(SONY)의 창업자 가운데 하나로 1946년 5월, 모리타 아키오(盛田昭夫)와 함께 19만 엔의 자본금과 스무 명의 직원으로 동경통신공업(東京通信工業)이란 회사를 세웠다. 이 회사가 훗날 일본의 전자 산업을 세계에 우뚝 세운 소니의 시작이었다. 이부카 마사루가 소니의 수장으로 성공할 수 있었던 데에는 동료들의 지지와 도움이 있었다.

　1961년 10월, 소니에서는 최고경영진 회의가 열렸다. 당시 이부카 마사루는 제어 그리드 방식의 컬러수상관의 개발 문제를 두고 경영진과 격렬한 논쟁을 벌였다. 그가 만들고 싶어 하는 방식의 컬러수상관은 원가가 지나치게 높았기 때문이다. 결국 이부카 마사루는 "모든 책임은 내가 지겠다!"라는 말로 자신의 뜻을 관철시켰다.

　그 뒤 요시다, 오오코시 등의 전자관 개발부의 직원들이 이 수상관의 연구에 매달렸다. 1965년 6월, 드디어 이 수상관을 장착한 컬러텔레비전이 시장에 출시되었지만, 안타깝게도 이 텔레비전은 제작 기술이 복잡하고 원가가 매우 높은 데다 고장이 자주 났다. 뜻밖의 결과는 소니를 궁지로 몰아넣었으며 동종업계와 언론은 입을 모아 소니가 곤경에 빠졌다고 평가했다.

이사회에 나선 이부카 마사루는 기가 잔뜩 죽어 있었다. 그렇지만 그에게 포기란 실패나 다름없었다. 쉽게 포기한다면 그 자신의 명예에 흠이 날 뿐만 아니라 직원들의 사기에도 영향을 줄 게 뻔했기 때문이다. 결국 그는 처음부터 다시 시작하기로 마음을 고쳐먹었다. 이번에는 그가 앞장서서 연구를 지휘했고 새로운 실험도 했다.

모리타 아키오는 그를 위해 필요한 자금을 책임졌다. 이렇게 요시다, 오오코시 등의 직원들은 회사의 운명이 걸린 중요한 실험에 매달렸다. 많은 사람들의 부정적인 예상과 달리 실험은 성공을 거뒀고 이부카 마사루가 직접 그 결과를 확인했다. 험난했던 트리니트론 텔레비전의 개발과 설계에는 칠 년에 가까운 시간이 걸렸지만, 신형 전자총의 개발은 비교적 신속하게 이뤄졌다. 1966년 말에는 성공적으로 견본이 제작됐고 원가도 충분히 낮출 수 있었다.

마지막으로 남은 과정은 수상관의 전면 유리 설계뿐이었다. 보통은 설계도를 그려 모형을 전문으로 생산하는 공장에 주문하지만, 연구원 오오코시가 트리니트론 컬러텔레비전 연구의 경험과 기술을 살려 직접 해보겠다고 나섰다. 1967년 10월 15일, 간절히 바라던 수상관 전면 유리가 제작되었다. 개발부 직원들은 밤을 새우며 조립을 했고 다음날 오전까지 공을 들인 끝에 새로운 수상관이 완성했다. 이듬해 봄, 뛰어난 수준의 신형 전자총이 제작되면서 텔레비전 전면 유리와 함께 새로운 시스템의 텔레비전이 탄생했다. 신형 전자총을 장착한 텔레비전은 화면이 깨끗하고 색조가 완벽했다.

소니가 한 걸음 한 걸음 오늘날까지 올 수 있었던 데에는 창업자인 이부카 마사루의 공도 컸지만, 모리타 아키오 등 여러 동료의 꾸준한 지지와 격려도 큰 몫을 했다. 만약 그들이 없었다면 소니는 지금처럼 큰 기업이 될 수 없었을지도 모른다.

이부카 마사루의 사례에서 보듯 한결같이 순조로운 인생은 없다. 아무리 뛰어난 리더라 해도 때로는 넘어질 수 있다. 리더가 넘어졌을 때 그의 어려움을 이용하려 하거나 해치려 하지 말아야 한다. 서로 힘을 모아 난관을 돌파하면 다 함께 봄날을 맞을 수 있다. 그뿐 아니라 리더들끼리도 서로 의심하거나 경계해서는 안 되며 상대가 곤경에 빠졌다고 손뼉을 쳐서도 안 된다. 대신 당당하게 하나의 목표를 향해 같은 배를 타고 함께 힘써 살 길을 찾아야 한다.

중국 명언 가운데 '단결이 바로 힘이다.'라는 말이 있다. 중국의 지도자 마오쩌둥도 "군과 국민이 한 사람처럼 단결하면 천하에 누가 당할 수 있겠는가?"라고 말한 바 있다. 이는 단결의 힘이 얼마나 대단한지를 표현한 말이다. 서로 힘을 모으면 혼자 힘으로는 할 수 없는 일도 이뤄낼 수 있으며 미처 모르던 일도 알 수 있다. 고난에 처했을 때라면 더욱 단결해야 한다. 모두가 힘을 합치면 최대한의 힘이 발휘되고 반드시 난관을 헤쳐 나갈 수 있기 때문이다.

◇ 당신은 언제나 옳습니다. 그대의 삶을 응원합니다. - **라의눈 출판그룹**

최고의 리더는
어떻게 사람을 움직이는가

개정판 | 2025년 6월 27일

지은이 | 리슈에청
펴낸이 | 설응도   편집주간 | 안은주
편집장 | 심재진   디자인 | 박성진

펴낸곳 | 라의눈

출판등록 | 2014년 1월 13일(제 2019-000228호)
주소 | 서울시 강남구 테헤란로 78 길 14-12(대치동) 동영빌딩 4층
전화 | 02-466-1283   팩스 | 02-466-1301

문의 (e-mail)
편집 | editor@eyeofra.co.kr
마케팅 | marketing@eyeofra.co.kr
경영지원 | management@eyeofra.co.kr

ISBN 979-11-94835-01-1   03320

이 책의 저작권은 저자와 출판사에 있습니다.
저작권법에 따라 보호를 받는 저작물이므로 무단전재와 복제를 금합니다.
이 책 내용의 일부 또는 전부를 이용하려면
반드시 저작권자와 출판사의 서면 허락을 받아야 합니다.
잘못 만들어진 책은 구입처에서 교환해드립니다.